麦克莱伦批判意识形态的整体思想研究

王 萌 著

吉林大学出版社
·长春·

图书在版编目（CIP）数据

麦克莱伦批判意识形态的整体思想研究 / 王萌著. --长春：吉林大学出版社，2022.9
ISBN 978-7-5768-0511-6

Ⅰ. ①麦… Ⅱ. ①王… Ⅲ. ①戴维·麦克莱伦－批判－意识形态－思想评论 Ⅳ. ①B561.6

中国版本图书馆CIP数据核字（2022）第172417号

书　　名	麦克莱伦批判意识形态的整体思想研究
	MAIKELAILUN PIPAN YISHI XINGTAI DE ZHENGTI SIXIANG YANJIU
作　　者	王萌 著
策划编辑	杨占星
责任编辑	高欣宇
责任校对	孙宇辛
装帧设计	皓月
出版发行	吉林大学出版社
社　　址	长春市人民大街4059号
邮政编码	130021
发行电话	0431-89580028/29/21
网　　址	http://www.jlup.com.cn
电子邮箱	jldxcbs@sina.com
印　　刷	朗翔印刷（天津）有限公司
开　　本	787mm×1092mm　1/16
印　　张	11.5
字　　数	180千字
版　　次	2023年1月　第1版
印　　次	2023年1月　第1次
书　　号	ISBN 978-7-5768-0511-6
定　　价	45.00元

版权所有　翻印必究

目录 CONTENTS

绪　论 …………………………………………………………………… 001
　1.1 生平简介 ……………………………………………………… 002
　1.2 学术历程 ……………………………………………………… 004
　1.3 研究意义和目的 ……………………………………………… 007
　1.4 研究现状综述 ………………………………………………… 008
　1.5 研究方法和路径 ……………………………………………… 018
　小结 ……………………………………………………………… 019

第一章　麦克莱伦批判意识形态思想的理论渊源与形成 …………… 021
　1.1 时代背景下的个人研究旨趣 ………………………………… 022
　1.2 对青年黑格尔派与马克思早期思想的研究 ………………… 029
　1.3 对马克思主义理论发展史的研究 …………………………… 041
　小结 ……………………………………………………………… 050

第二章　马克思主义批判意识形态思想的历史透视与整体阐释 …… 053
　2.1 经典马克思主义的批判意识形态思想 ……………………… 054
　2.2 欧美马克思主义的批判意识形态思想分析 ………………… 066
　2.3 批判意识形态思想的整体阐释 ……………………………… 080
　小结 ……………………………………………………………… 088

第三章　作为批判意识形态思想逻辑起点的科学技术批判 ………… 090
　3.1 作为批判意识形态思想的科学技术批判 …………………… 091

3.2 "科学技术决定论"的理论困境 …………………………… 096
3.3 科学技术批判的理论意义 ………………………………… 098
小结 …………………………………………………………… 111

第四章 作为批判意识形态思想精神武器的宗教批判 ………… 112
4.1 马克思的宗教批判思想 …………………………………… 112
4.2 马克思主义的宗教批判拓展 ……………………………… 117
小结 …………………………………………………………… 123

第五章 作为批判意识形态思想目标旨向的文化批判 ………… 124
5.1 文化批判的意识形态视角 ………………………………… 125
5.2 文化批判的意识形态的多维路径 ………………………… 133
5.3 马克思主义文化意识形态思想的实践 …………………… 138
小结 …………………………………………………………… 145

第六章 麦克莱伦批判意识形态思想的整体性特征与理论意义 ……… 147
6.1 麦克莱伦批判意识形态思想的整体性特征 ……………… 147
6.2 麦克莱伦批判意识形态思想的理论意义 ………………… 154
小结 …………………………………………………………… 160

结　语 ……………………………………………………………… 161

附　录 ……………………………………………………………… 165
戴维·麦克莱伦著作列表 …………………………………… 165

参考文献 ………………………………………………………… 169

致　谢 …………………………………………………………… 179

绪　论

　　戴维·麦克莱伦是英国颇负盛名的新左派理论研究代表，也是誉满寰宇的具有马克思主义理论贡献的西方学者，他的学术造诣推动了英国乃至西方对马克思思想的系统研究与发展，是西方当代杰出并富有重要影响力的哲学家、政治学家。他的马克思主义研究在当代资本主义世界匠心独运，很多观点备受瞩目并引发学界的热烈讨论。这些讨论不单单局限于历史学、哲学领域，在政治学、社会学以及人文社会科学等领域都产生了广泛的影响。麦克莱伦的研究结论往往与传统观点有所不同，批判与支持并存，这也是麦克莱伦富有争议与影响力的原因所在。麦克莱伦一生聚焦于对马克思和马克思主义思想的研究，在他学术活动的早期，聚焦于青年黑格尔学派和马克思早期思想关系的研究，接下来他用很大的力量和长时间对马克思主义进行了艰苦的研究工作。他撰写了《马克思传》和《马克思思想导论》，取得了很大的成功，不仅使这两本书成为流行全球的畅销书，而且大力地宣传了马克思主义，展示了马克思主义的思想内涵和精神实质，为马克思主义的全球传播和对马克思主义的科学认识，做出了积极贡献。

　　在麦克莱伦的笔下，马克思是世纪伟人，马克思主义是实现人类解放和改变世界的思想武器。确实，2000年英国BBC广播公司在评选千年最伟大的思想家时，马克思位列榜单中首席之位，在2001年英国评选历史上最伟大的哲学家时，马克思仍以高票数当选首位。这些事实说明，麦克莱伦关于马克思和马克思主义的论断是对的。麦克莱伦认为，马克思的思想不仅具有历史沉淀的厚重感，更具有时代精神价值。马克思是伟大的革命家与思想家，他在1847年组织与创建了世界第一个无产阶级组织即共产主义者同盟，他积极投入1848

年欧洲革命，不断地为新的革命浪潮做努力。19世纪60年代成为第一共产国际的核心人物，马克思在19世纪70年代把目光转向了法国，全力支持巴黎公社运动。在马克思人生的最后十多年，也依然奋战并支持世界各国无产阶级革命运动以及工人政党的建设。数十年如一日的严谨钻研，数十卷的鸿篇巨帙，这些丰富的精神遗产，诠释了马克思这位学术巨擘和伟大的思想家的一生。

正是出于对马克思人格魅力的敬仰和学术思想的充分肯定，麦克莱伦在完成了《马克思传》和《马克思思想导论》的撰写以后，就把目光聚焦于马克思思想中最令他感兴趣、最使他具有个人研究冲动、对他最具有思想影响和最重要的学术问题即意识形态问题上来，通过多年的关于马克思主义意识形态思想和理论的历史和逻辑研究，他阐发了一系列新的思想和看法，形成了具有麦克莱伦思想特色的马克思主义的批判意识形态理论，为学界所瞩目，产生了很大影响。在本书中，我们将基于麦克莱伦大量的著作和论文，较为系统地研究、总结和阐释他的批判意识形态思想的核心观点和看法，并从理论和实践两个方面分析其思想对于丰富马克思主义哲学所具有的价值和意义。

1.1 生平简介

戴维·麦克莱伦（David McLellan）（1940年－）出生在英国的赫特福德郡（Hertford）。赫特福德郡幽雅清静，距离英国伦敦市中心很近，它坐落于英国英格兰东部并具有悠久的历史传统，拥有迷人而奇幻的风景。麦克莱伦曾就读于泰勒斯中学（Merchant Taylors' School, Northwood）。这是距离伦敦市很近的一所历史悠久的私立学校，校园优美，拥有广阔的湖泊和美丽的草地。随后他又进入牛津大学圣约翰学院学习深造，圣约翰学院是牛津大学资金最为雄厚且专业设置齐全的著名学院。麦克莱伦在1962年荣获了文学学士学位。大学毕业之后，他在法国一所学校教书，1963年到1964年他对宗教深感兴趣并且立志成为一名传教士，在母亲极力反对之下他仍然坚持前往法国、苏联和德国等地，阅读了很多马克思的相关著作，这就逐渐转变了麦克莱伦的最初的想法。1964年他开始在牛津大学攻读博士，并于1968年完成了学业。麦克莱伦在20世纪60年代中后期开始从事终其一生的研究事业，创作并且翻译了大量的著作与文献。麦克莱伦在这个时期致力于马克思主义的研究工作，他享誉欧美等地的权威著作是《马克思传》，这是一部涉及了马克思工作、生活全方位立体一生的英文版本的传记，目前已经陆续修订并出版了四个版本。

自20世纪70年代以来，麦克莱伦先后在牛津大学任职，在英国肯特大学担任政治学教授，受邀前往英国伦敦大学哥德史密斯学院（Goldsmiths College），任政治学的客座教授。随后辗转至美国纽约州立大学兼任其客座教授，与此同时他在印度的西姆拉市曾担任"印度发展研究协会政治研究部"的外籍会员。他对马克思主义的研究与贡献，不断地推进了马克思主义在西方的丰富与发展；他更是马克思主义的强有力的倡议者与践行者，他在英语世界里一直是最受欢迎的马克思主义著名传记作家、翻译家和评论家。他在北美和欧洲进行了很多次有关政治学和马克思主义研究的讲演，他的马克思主义的著作在欧美有很深刻的学术影响力；他还在世界各个国家就其所研究的议题发表了很多演讲，特别是在中国开设了关于马克思主义的一些讲座。2018年，他在内罗毕（Nairobi）举行的一次国际会议上发表了主题为"宗教与世界和平"的演讲，引起了学界的广泛关注与热议。

麦克莱伦撰写的马克思、恩格斯等人的传记，在世界各地尤其是英语国家有着声名卓著和深远的学术影响力，是蜚声国际最具有权威的代表作，也是极其具有参考价值的马克思主义研究的大型文献。他对马克思的谱系及马克思主义的思想演进，以历史视角和系统逻辑编纂了富有全面性背景下的相关著作。这为他在欧美马克思主义学术界奠定了特有的地位，这一独特的影响力为西方马克思主义的发展作出了重要的贡献。他已出版学术专著二十六部，部分著作被翻译成十三种语言广为流传：例如1982年出版的《青年黑格尔派与马克思》，1992年出版的《马克思以后的马克思主义》等多部专著都有中译本。除此之外，他所擅长的意识形态批判与宗教理论范畴研究，促进了其把这些问题与马克思主义思想研究相结合的萌发与探索，尤其可见于他的《意识形态》，在他的

《西蒙娜·薇依：空想的悲观主义者》（Simone Weil: Utopian Pessimist）专著之中，阐释了一位伟大的女性哲学家，厘清了很多问题的方法观念。此外，他的《恺撒的归恺撒：基督教的政治相关性》（Unto Caesar The Political Relevance of Christianity）以及其它一些相关的作品之中也呈现出他对宗教哲学的理解和看法。

1.2 学术历程

麦克莱伦一生著述颇丰，尤其是在马克思的思想来源、马克思思想发展史以及马克思意识形态等理论领域取得了大量的研究成果，现就其主要理论著作成果进行整理枚举。他在世界各地发表出版了二十六部学术著作，在学界引起了强烈的反响，陆续被翻译成了十三种不同的文字在世界各地流传。

20世纪60年代末，麦克莱伦于1969年发表了他的第一本著作，他的博士论文《青年黑格尔派与马克思》（The Young Hegelians and Karl Marx）。1970年，他出版了《马克思主义以前的马克思》（Marx before Marxism），在这本书中，他引用丰富的材料系统地介绍了马克思从出生直到1844年《德法年鉴》和《巴黎手稿》问世的这一时期，各个阶段的主要思想经历和发展过程；刻画了马克思思想发展的内在历史根据和逻辑联系；论述了马克思早期思想的每一个重要进步，以及引起这些进步的主观条件和客观条件。该书对于分析与探究马克思的思想渊源、马克思主义历史脉络，尤其是哲学领域的马克思思想发展史具有重要参考价值。1971年，他编辑并出版了《卡尔·马克思早期文本》（Karl Marx：Early Text），以及《马克思思想导论》。可见，20世纪70年代初期是麦克莱伦奠定其思想基础的主要创作时期，他梳理整理了烦冗陈杂的原始材料，对马克思思想的基本问题的探索获得了重要的进展。

20世纪70年代中期以后，麦克莱伦的创作更富有充实的理论根基与学术前沿性，把宗教和思想意识形态领域相结合的研究使其研究方法和思想特征更加显著。1975年，他出版了《马克思传》(Marx, Fontana Modern Masters)；1976年，出版了《卡尔·马克思：他的生活与思想》(Karl Marx: His Life and Thought)。1977年，出版了《马克思作品选》(Karl Marx: Selected Writings)和《恩格斯传》(Engels, Fontana Modern Masters)。1979年，他发表了《马克思以后的马克思主义》(Marxism after Marx)。《马克思以后的马克思主义》这部著作和《马克思主义以前的马克思》是姐妹篇。在这本书中，他以翔实的材料介绍了马克思去世以后，马克思主义在世界范围内传播和发展的历史：德国社会民主党的马克思主义内涵与特征，苏联的无产阶级革命理论，席卷欧洲和全世界所历经的两次世界大战期间工人阶级的马克思主义的理论与思想；此外，介绍了亚、非和拉美等第三世界的无产阶级运动；最后，对当代的、欧美的马克思主义所具有的学院派的思潮进行整理与论述。同时，麦克莱伦在书中也阐述了上述各国的政治、历史、经济的状况及其特点；分析了各个国家的无产阶级革命运动及其领袖人物的理论素质；总结了各国工人运动成败的原因；分析了共产主义运动内部的分歧和斗争。由于该书不仅提供了大量的历史资料，而且也有一定的理论深度，因此被誉为是20世纪以来最为翔实的关于马克思主义的论述，赢得了广泛好评。1983年，他出版了《卡尔·马克思：遗产》(Karl Marx: The Legacy)。在他编辑并出版的《马克思——最初的一百年》这本书里他论述了马克思惊人的涉猎广度以及他对理解我们的世界所做出的杰出贡献。他说："在学术界领域（重要的资格），马克思本人就是共产主义者的原型——《巴黎手稿》（亦即《1844年经济学哲学手稿》）中的'全方位个人'，抑或是《政治经济学批判大纲》〔亦即《经济学手稿（1857—1858年）》〕中的'社会个体'。对于他来说，过去和现在社会的主要弊端之一是分工。"[①]1986年，麦克莱伦编写了《意识形态》(Ideology)，他的关于意识形态的专题性论述引发了英语世界20世纪七八十年代解读马克思主义视域与非马克思主义视域下，关于意识形态是不可避免的重要主题的讨论。该书在中外高等教育界有着重要的影响力，被誉为是20世纪末西欧与北美等国家与地区指定的大学教育最具代

---

① David McLellan(ed). Marx: the First Hundred Years, Frances Pinter. 1983.

表性的社会科学的教科书系列之一,其中文版由吉林人民出版社和美国麦格劳-希尔教育(亚洲)出版公司合作出版,由中国十余所高等学府知名学者联合推荐,将该书作为西方社会科学基本知识读本丛书之一。该书之所以在国内外高校中备受青睐,是由于该书以精练的文字、较短的篇幅容纳了大量准确的信息,广泛叙述了与意识形态问题相关的各种理论。1987年,麦克莱伦出版了《马克思主义与宗教———一种对马克思批判基督教的描述和评估》。此外,麦克莱伦是马克思的《政治经济学批判大纲》(Marx's Grundrisse)(亦即《经济学手稿(1857—1858年)》)的主要英文版本的编译者。

20世纪80年代末到90年代,麦克莱伦编辑了很多著作,其中有1988年出版的《马克思主义基本著作》(Marxism Essential Writings),1990年麦克莱伦和肖恩·赛耶斯(Sean Sayers)共同编辑的《社会主义与道德》(Socialism and Morality),1991年他编辑并出版了《社会主义与民主》(Socialism and Democracy)。这部书主要论述了社会主义与民主的关系是当前政治辩论的中心问题。他在书中指出:"在共产主义世界的变化中,社会主义与民主的关系最为突出,但在西方出现的新的政治力量和政治运动中,也提出了相关的问题,这些发展需要对民主的态度进行深刻的质疑和反思。"[①]1992年他发表专著《西蒙娜·薇依:空想悲观主义者》(Simone Weil: Utopian Pessimist)以及《凯撒的归凯撒:基督教的政治相关性》(Unto Caesar: The Political Relevance of Christianity),这些作品反映了他始终关注宗教领域的问题。1996年,麦克莱伦在《法律与社会期刊》(Journal of Law and Society)第23卷第2期发表了《契约婚姻:永久持续抑或是消亡殆尽?》(Contract Marriage: The Way Forward or Dead End?)。这是关于合同法和婚姻的长篇文章。1997年,他编辑并出版了《政治基督教:读者》(Political Christianity: A Reader)。麦克莱伦的这些学术工作不仅为英语世界的读者和研究学者留下了宝贵的材料累积,更为马克思主义在整个世界的传播,贡献了重要的智慧与力量。

---

① David Mclellan(ed). Sean Sayers(ed). Socialism and Democracy. Macmillan,1991.

1.3 研究意义和目的

英国新马克思主义理论的探讨与分析，影响了整个现代、当代国外的马克思主义思想，具有启发性与时代性特征，这个时期在英国涌现了很多著名的马克思主义理论的贡献者。戴维·麦克莱伦是其中颇具影响力和做出杰出贡献的学者之一，他是英国享誉盛名的系统论述马克思主义思想的政治学家和哲学家。此外，他也是工党的左翼成员。他的《马克思传》《马克思思想导论》等著作有着丰富的史料，与众不同的视角和切入点，这些奠定了他在西方马克思主义学术界的重要地位。本书力图循着麦克莱伦的思想线索透视其研究马克思主义批判的意识形态思想的全貌，厘清英国新马克思主义这一独特而具有典型特征的学术群体的思想及其与其他各个学派之间的复杂联系。

目前，国内对外国马克思主义理论的研究重点集中在卢卡奇、葛兰西以及法兰克福学派，当代的后马克思主义的重要代表人物如福柯、德里达等欧洲大陆著名的理论学者身上，而相对忽视了英国新马克思主义理论群体这一思想富矿所带来的潜在影响力。戴维·麦克莱伦作为这个学术群体中一位具有世界影响力的马克思主义意识形态思想理论的研究者，已经在学界受到一定的关注，一些学者开始探讨其对马克思思想的形成、发展与影响等方面的研究，并对他做出了一些整体性维度或是意识形态范畴的评价与分析。为了全面展开对英国新马克思主义理论总体性贡献的思考，我们必须针对学者个案进行充分的厘定与分析，这样我们的工作才会具有较强的研究价值与意义。

本书研究价值主要在于：首先，通过历史维度开展了对麦克莱伦批判意识形态哲学思想渊源的思考与分析，并且对他所出生与经历的现代、当代资本主义社会的时代背景进行深入分析。其次，理解麦克莱伦的批判意识形态思想的建构体系与思想特征，探析其思想所涵盖的整体性哲学发展脉络，以哲学视角概述其理论与实践的影响，对我国社会主义意识形态建设起到镜鉴作用。再次，进一步把握其批判意识形态思想维度与核心要义，在对其思想加以梳理与路径探索过程中，我们可以深入了解当前马克思主义意识形态思想研究的学术发展前沿状况，分析这些研究成果对当代社会主义政治运动的意义。最后，通过麦克莱伦对马克思主义思想的分析，以及对资本主义多方面的批判，我们要阐明并评价其丰富的理论特征和思想价值。

1.4 研究现状综述

目前，关于戴维·麦克莱伦的学术研究在国外已经有一些进展，在国内也影响颇深。下面就近年来国内外对麦克莱伦批判意识形态思想的一些研究的具体情况做出梳理。

（一）国外研究现状

戴维·麦克莱伦出版了很多专著。每一部著作都堪称是代表之作而覆盖了方方面面的维度和视域：不论是他的历史逻辑、政治学范畴，还是他在文化道德领域的思考等都受到国外的广泛关注。其著作相继出版之后赢得了大量的评论，如保罗·沃尔顿（Paul Walton）1972 年在《英国社会学杂志》（*The British Journal of Sociology*）第 23 卷第 3 期发表《评论：麦克莱伦的〈马克思传〉》（"Review: McLellan's Marx"）；马林（Marin Pundeff）1970 年在《美国政治和社会科学学会年鉴》（*The Annals of the American Academy of Political and Social Science*）第 392 卷发表《著作评述：戴维·麦克莱伦的〈青年黑格尔学派和卡尔·马克思〉》（"Reviewed Work(s): The Young Hegelians and Karl Marx by David McLellan"）；布鲁斯·格雷尔（Bruce Grelle）1989 年在《宗教期刊》（*The Journal of Religion*）第 69 卷第 2 期发表《著作评述：戴维·麦克莱伦的〈马克思主义与宗教〉》（"Reviewed Work(s): Marxism and Religion by David McLellan"）；理查德·康斯托克（W. Richard Comstock）1975 年在《美国宗教学会期刊》（*Journal of the American Academy of Religion*）第 43 卷第 2

期发表《书评：戴维·麦克莱伦所著〈卡尔·马克思：他的生活和思想〉》("Reviewed Work(s): Karl Marx: His Life and Thought by David McLellan")；什洛莫·艾维尼里（Shlomo Avineri）于1973年在《美国政治科学评论》（*The American Political Science Review*）第67卷第2期发表《书评：戴维·麦克莱伦编辑，马克思著〈政治经济学批判大纲〉》("Reviewed Work(s): The Grundrisse by David McLellan and Karl Marx")；戴维-希勒尔·鲁本（David-Hillel Ruben）1973年在《哲学季刊》（*The Philosophical Quarterly*）第23卷第90期发表《书评：戴维·麦克莱伦著〈卡尔·马克思思想导论〉》("Reviewed Work(s): The Thought of Karl Marx: An Introduction by David McLellan")；贝尔登·菲尔茨（Belden Fields）1981年在《斯拉夫评论》（*Slavic Review*）第40卷第1期发表《书评：戴维·麦克莱伦著〈马克思以后的马克思主义导论〉》("Reviewed Work(s): Marxism after Marx: An Introduction. by David McLellan")；雅克·科恩伯格（Jacques Kornberg）1973年在《国际期刊》（*International Journal*）第28卷第3期发表《书评：戴维·麦克莱伦著〈马克思主义以前的马克思〉》("Reviewed Work(s): Marx before Marxism by David McLellan")；马丁·安迪奇（Martin Andic）1992年在《国际宗教哲学杂志》（*International Journal for Philosophy of Religion*）第32卷第1期发表《书评：戴维·麦克莱伦著〈西蒙娜·薇依：空想的悲观主义者〉》("Reviewed Work(s): Simone Weil: Utopian Pessimist by David McLellan")；海因里希·博蒂斯（Heinrich Bortis）1986年在《苏联思想研究》（*Studies in Soviet Thought*）第32卷第1期发表《书评：戴维·麦克莱伦著〈卡尔·马克思的遗产〉》("Reviewed Work(s): Karl Marx: The Legacy by David McLellan")；凯伦·布扎德（Karen Buzzard）1988年在《电影和视频期刊》（*Journal of Film and Video*）第40卷第4期发表《书评：戴维·麦克莱伦著〈意识形态〉》("Reviewed Work(s): Ideology by David McLellan")等文章。

关于麦克莱伦的研究并非只有单一的评论性文章，还有一些引证麦克莱伦的观点与思想的文章，如利亚·伊比（Lea Ypi）2014年在《政治学理论》（*Political Theory*）第42卷第3期发表的《论康德与马克思的革命》("On Revolution in Kant and Marx")；丹尼斯·菲施曼（Dennis Fischman）1985年在《政治学理论》

（Political Theory）第13卷第4期发表的《关于施瓦茨的〈自由主义与犹太联系〉》（"On Schwartz,'Liberalism and the Jewish Connection'"）；阿鲁普·库马尔·森（Arup Kumar Sen）2003年在《经济与政治周刊》（Economic and Political Weekly）第38卷第10期发表的《葛兰西的马克思主义》（"Gramsci's Marxism"）等文章对麦克莱伦所研究的思想理论做了重点的分析与阐述。

在《新左派评论》（New Left Review）关于新马克思主义、文化研究方面麦克莱伦也有一些分析与研究，例如卡罗尔·约翰逊（Carol Johnson）的《改革主义问题与马克思拜物教理论》（"The Problem of Reformism and Marx's Theory of Fetishism"）（1980年）；诺曼·基拉（Norman Geras）的《经典马克思主义和无产阶级的表达》（"Classical Marxism and Proletarian Representation"）（1981年）；政治学家迪克特·安德森（Benedict Anderson）的《没有物质性的后马克思主义：对拉克劳和墨菲的真实回应》（"Ex-Marxism Without Substance:Being A Real Reply to Laclau and Mouffe"）（1988年）；维克托·基尔南（Victor Kiernan）的《马克思与未知国度》（"Marx and the Undiscovered Country"）（1991年）等。

50年来，麦克莱伦一直将马克思主义作为终生的研究对象，不可动摇地坚守马克思主义立场，不断地对资本主义社会进行批判与改造。1999年麦克莱伦在《政治研究》（Political Studies）上发表了《马克思与马克思主义的今昔》（"Then and Now:Marx and Marxism"），指出马克思与马克思主义的思想与方法论在不同的维度领域中依然发挥着巨大的潜在作用，这种方法正如马克思所说，不是为了解释世界而是为了改变世界，他对福山认为没有任何制度可以超越自由资本主义制度的观点持反对态度。1996年麦克莱伦在《法律与社会期刊》（Journal of Law and Society）第23卷第2期发表了《契约婚姻：永久持续抑或是消亡殆尽？》（"Contract Marriage: The Way Forward or Dead End?"）一文，从哲学视角关注女权主义，从人文关怀与马克思主义维度探析婚姻的历史渊源，他认为对婚姻法进行改革并使之更符合契约主义者的观点是明智可取的。2019年，拉里·雷（Larry Ray）和伊恩·威尔金森（Iain Wilkinson）在《经典社会学期刊》（Journal of Classical Sociology）第19卷第一期发表了《2018年7月对戴维·麦克莱伦的访谈》（"Interview with David McLellan July 2018"）探讨了麦克莱伦的学术生涯，致力于研究马克思主义的思想和遗产，这些研究引起了人们对马克思思想的价值反思与对今天激进政治变革的可能性的思考。

纵观对麦克莱伦思想的研究和述评可以发现，他本人的著作侧重研究马克思的思想与其发展脉络，他对马克思具体的理论并未有大量的篇幅直接论述，更多是通过意识形态不同视域下的剖析，并且占有丰富的历史史料与素材，再对这些史料加以阐明把握。这些都使我们立体解析麦克莱伦的批判意识形态思想维度增加了较大的难度。但是，通过外国文献的相关解读，也可以为我们理解麦克莱伦的批判意识形态思想提供了很多的信息与捷径。正是因为国外研究专家的学术结构以及社会背景的不同，对麦克莱伦的分析具有不同的思想特征与立场角度，因而，他们主要的研究内容仅仅局限在麦克莱伦的一些见解与部分观点，并未形成对麦克莱伦批判意识形态思想的全面而整体性思想研究。

（二）国内研究现状

麦克莱伦是西方著名的马克思主义研究学者。他在传记类研究之中颇有建树，他所编辑并翻译了众多的马克思主义的相关学者的作品，成为目前欧美等国家高等教育所用的具有权威性的代表著作。其作品风靡世界，被翻译成日语、法语、德语、汉语等多国语言。直至目前，自1982年第一部翻译成中文的麦克莱伦的《青年黑格尔派和马克思》以来，在中国国内翻译并且出版的关于麦克莱伦的专著共计8部，其中备受瞩目的《马克思传》《马克思以后的马克思主义》《马克思思想导论》是我国"十一五"国家级重点规划出版关于马克思主义研究译丛中的重要书目。这些著作陆续引入了国内，对国内的学者研究麦克莱伦的思想起到了积极的作用。

在麦克莱伦的著作翻译出版方面，有关于麦克莱伦的马克思和马克思主义传记的著作《马克思传》（2008）《恩格斯传》（2014）等在21世纪初已陆续翻译介绍到我国。有关马克思思想的理论渊源的著作《青年黑格尔派与马克思》（1982），《马克思主义以前的马克思》（1992），《马克思思想导论》（2008）《马克思以后的马克思主义》（2016），在20世纪80—90年代也陆续翻译并介绍到我国，很多学者翻译了有关《马克思以后的马克思主义》的章节和内容，以及他的有关意识形态和宗教的问题的著作《意识形态》（2005）《马克思主义与宗教》（2014）。除此之外，国内学术界也发表了很多有关麦克莱伦的评述、访谈和论文，如《全球化与21世纪的马克思主义》（《教学与研究》2005年第10期），《西方马克思主义的演化及前沿问题》（《华南师范大学学报》（社会科学版）2011年第5期）以及《马克思政治哲学与英国马克思主义传统》（《北京行政学院学报》2014年第1期）等。

基于这些工作，国内展开了从各个不同的研究视角以及不同侧面对麦克莱伦思想的研究。

关于麦克莱伦的马克思主义传记方面的研究，中国人民大学高放教授，在《马克思：伟人亦凡人》（《同舟共进》2008年第5期）和《没有被偶像化的马克思——读戴维·麦克莱伦〈马克思传（插图本）〉》（《北京日报》2007年6月11日第20版）文章当中指出，麦克莱伦的重要贡献在于他对1932年出版的《1844年经济学哲学手稿》以及《1857年经济学哲学手稿》做出了独特的剖析，强调其内在连贯继承特性，他指出在这些早期创作中，马克思在资本主义经济发展的规律和论述劳动时间的减少、影响人的全面发展的核心思想等方面，超出了其代表作品《共产党宣言》以及《哥达纲领批判》等。唐少杰的《重温马克思的一个机遇》（《读书》2006年第9期），王磊、曹皓的《"'走近马克思'专题研讨会暨〈马克思传〉（插图本）出版座谈会"纪要》（《教学与研究》，2006年第8期），王东、贾向云的《从麦克莱伦的〈马克思传〉谈马克思传记理论》（《马克思主义与现实》2011年第4期）等文章之中，指出麦克莱伦的作品具有丰富史料传记的重要意义，麦克莱伦的文本传记研究的历史贡献和其局限性以及亟待解决的问题等。近两年，国内还发表了一些从不同维度和视角考察麦克莱伦有关马克思传记的文章，有凌士利的《戴维·麦克莱伦所著〈〈马克思传〉评析研究〉》（《佳木斯大学社会科学学报》2018第6期），凌菲霞的《马克思研究的两种进路——以赛亚·伯林和戴维·麦克莱伦的对比》（《中国社会科学报》2017年第4版），凌菲霞的《"刺猬"与"狐狸"：伯林与麦克莱伦的马克思研究模式》（《哲学分析》2018年第4期），王纵横的《情境建构中的形象还原——再读戴维·麦克莱伦的〈马克思传〉》（《理论视野》2018第4期）等。麦克莱伦一直以来致力于研究马克思的经典著作和历史脉络，以及交叉学科相互影响的文献梳理。他认为，马克思是世界伟大的集哲学家、历史学家、政治学家等于一身的无产阶级革命的重要理论家。麦克莱伦力图较为客观地展示马克思的一生，以一种近乎同情与批判的立场进行创作，大量搜集与提炼信息和评述，尽力为学界呈现出较为合理稳妥的一位伟人，避免将马克思过于神化、偶像化或者极端诋毁、玷污化。通过对马克思人格方面、政治方面、精神方面进行全方位的分析，按照马克思生活并工作的地点安排论述顺序，以地点和空间的变换，立体多维度的情景把人们带入马克思生活居住的场景，使人们真切地感受到马克思的性格特征与为人处事，将其作为人的研究对象体现出其优点和缺点，全面立体地展示出马克思伟大与平凡的一生。

张亮高度评价了麦克莱伦于1976年发表的《马克思传》，这部著作从第一次面世到今天已不断再版，现已连续发表了第四个版本。以赛亚·柏林（Isaiah Berlin）是首位按照历史脉络对此进行研究的重要学者，也是麦克莱伦的博士期间的恩师。伯林在学术研究方法上做了很著名的比喻即刺猬与狐狸分析模式，刺猬模式特指一元论，即将所有问题追溯回单一的中心逻辑，或是某种一以贯之的系统理论抑或是某种具有一般意义的观点，在此基础之上用以理解和思考问题。狐狸模式即将不同的甚至是相互矛盾的观点厘清问题本质与内涵，将其解释问题方式不单一立足在某种固定的一元经验理解之上。运用此模式就可避免片面地仅仅抓住一条研究思路，如果忽视了马克思丰富的思想内涵与差异，对其研究的客观评价自然有失公允。麦克莱伦通过涉猎了马克思一生的诸多作品，以同情而客观的视角批判而又能兼顾其不同时期的著作，同时立足于历史、社会等多维学科，并不将其单一化为某个命题或是结论，而是以狐狸的思维模式多维度多视角地进行归纳与评论，向读者呈现立体而客观的马克思的形象。麦克莱伦在西方有重要的学术影响力，他的《马克思传》的出版在我国学术界掀起轩然大波，吸引了众多学者的关注成为"破冰事件"[①]，这部书是研究马克思主义的很重要的参考文献。

---

① 马凌.理解马克思：当代传记的视角.当代传播，2016（06）.

在马克思主义发展史理论方面与唯物史观思想的研究方面：张秀琴教授在《马克思主义发展史的英美式权威解读——评戴维·麦克莱伦〈马克思以后的马克思主义〉》，(《中国出版》2008 年第 11 期)文章中指出麦克莱伦更加注重对基本问题范畴的把握，以区别于苏联的探究方式开展马克思主义发展史的研究，更具有英美模式的研究特征。田世锭教授在《英美辩证法马克思主义哲学研究》(《中国社会科学出版社》2013 年版)以及《辩证法马克思主义对马克思主义基本原理的坚守——兼与分析马克思主义比较》(《社会主义研究》2011 年第 4 期)阐释了麦克莱伦对马克思的基本问题的探索，特别是唯物史观的探索；田世锭教授通过对麦克莱伦所提出的三大困难的论证来阐释马克思的唯物史观的时代价值。首先，他认为马克思唯物史观是对社会发展的一种趋势性的预测与思考，预判未来的资本主义如何过渡到社会主义；其次，生产力的片面决定论立场使唯物史观陷入机械的形而上学的理论之中；最后，马克思的唯物史观是生产方式，是由很多社会的实践形式与组织方式之间复杂的相互影响所形成的，尽管经济因素最为显著但并不是唯一的因素，其他的影响因素诸如民族主义、宗教、种族主义等资本主义的显著特征即阶级社会所有的问题相继消失之后，共产主义才会到来。禚明亮在《马克思主义的理论与现实——戴维·麦克莱伦与辛向阳的学术对话》(《河南社会科学》2014 年第 1 期)一文中论述了中西方的不同视角下对马克思主义理论的学术深思。通过对比马克思传记研究旨在厘清麦克莱伦的马克思传记的独特意义，他认为麦克莱伦对于马克思传记的理解把长篇史料和传记梳理作为主要的研究文献，这为马克思主义的进一步发展奠定至关重要的基础。在马克思传记研究方面，许多人力图真实重现马克思，根据不同作者所占据的文献的不同，所处的时代背景、意识形态的差异和时间、空间的局限性等来描述马克思，并未能全面而公允地呈现出马克思，当然，这些研究也推动了马克思主义的研究与推广。这其中受到广泛关注的主要有梅林的《马克思传》(1918)，柏林的《马克思传》(1990)，麦克莱伦的《马克思传》(2016)等。梅林作为德国著名的社会民主党左派的领导者、引领国际工人运动的思想家和著名的马克思主义研究学者，注重历史科学的重要意义，相比较恩格斯评价马克思历史发现的"两大功绩"，梅林更加注重蕴含史料并且逻辑明确地回溯马克思的唯物史观的创立历程，他以一种辩证的方法解读了马克思思想的阶段性和延展性。梅林的写作方式正是坚持理论与实践相结合，并且明确了他自己重要的写作要求，就是要把马克思还原到具体的历史语境中。其传记一经出版就受到了广泛的传播并先后被翻译到世界各地，更是深受卢森堡的推崇，然而其传记也有局限性，梅林在重要的观点立场方面，在国内学者来看是出现了较大错误，例如他错误地理解马克思关于建立无产阶级政权的理论，将"打碎资产阶级国家机器"这一论述理解为废除国家统治，这就几乎等同于巴枯宁的无政府主义了。又如马克思强烈批判拉萨尔旨在对工资内涵做文章并未触及雇佣劳动的实质内涵，而梅林始终支持拉萨尔的观点，并给予其高度的评价等。

在意识形态和宗教领域的研究方面，张秀琴教授做了较深入的研究与分析，发表了《马克思意识形态观的德国传统及其流变——戴维·麦克莱伦对马克思意识形态理论的解读》（《当代外国马克思主义评论》2009 年第 11 期），《英语世界对马克思意识形态理论的解读方式》（《中国社会科学》2012 年第 6 期）。这些文章论述了麦克莱伦对马克思主义意识形态思想脉络的梳理，分析了麦克莱伦对将近二百多年意识形态的发展历史所经历的不同语境和不同视域下的演化过程。麦克莱伦从不同语境出发重点阐述了德国与非德国的传统，从不同视域出发探讨了马克思主义与非马克思主义等视域下的意识形态的解读。林进平在《马克思意识形态理论的九大问题》（《马克思主义与现实》2011 年第 6 期）对麦克莱伦的访谈的文章中探讨了认识意识形态思想的较为宽泛的问题，中心问题是关于意识形态的缘起传统与内涵特点等方面。他还阐释了不同社会制度下意识形态发展的经验与教训。林进平、曲轩在《如何看待马克思主义、宗教与意识形态——麦克莱伦教授访谈录》（《马克思主义与现实》2018 年第 2 期）中进一步指出马克思主义与宗教、意识形态的关系，并结合前沿学术分析了意识形态中正义问题与道德问题。麦克莱伦在《马克思论宗教》（《国外理论动态》2015 年第 3 期）中论述了马克思中期和晚期作品中区别于早期作品的认识，即强调在历史唯物主义视域下的宗教的意识形态特性作用以及发展变化。麦克莱伦发表的《马克思主义与宗教》（《马克思主义与现实》2014 年第 6 期）

进一步厘清马克思如何揭露宗教的阶级与社会本源并且强调宗教的异化特征。鲁克俭在《国外学者对马克思意识形态理论的系统化》（《中共天津市委党校学报》2010年第一期）中指出，麦克莱伦吸收了拉瑞恩和帕雷克不同的解析并提出了独特的想法，考察了意识形态的消极意义和马克思早晚期著作的内涵并透视分析了其核心问题。刘伟兵《从马克思到西方马克思主义：意识形态研究述评》（《理论月刊》2018年第12期），薛睿《关于马克思意识形态概念的理解——访英国马克思主义学者戴维·麦克莱伦教授》（《马克思主义理论学科研究（双月刊）》2019年第3期）等近期发表的一些文章主要研究了麦克莱伦的意识形态批判问题的思想。

在对英国新马克思主义思想方面的研究，乔瑞金教授也做了进一步的述评和讨论。他在《英国新马克思主义的发展历程及其思想特征》（《当代国外马克思主义评论》2007年第1期）中指出，麦克莱伦是英国杰出的马克思主义研究学者。冀红梅、范文在《英国学者论马克思与马克思主义研究之今昔》（《国外理论动态》2000年第10期）文章中探讨了西方马克思主义成为20世纪60年代研究热潮的主要成因，对20世纪70年代以后马克思主义深受法国结构主义影响的走向，以及法兰克福学派和后现代主义的新社会运动等做出了梳理与阐释。张亮在《从苏联马克思主义到文化马克思主义——英国马克思主义理论传统的战后形成》（《人文杂志》2009年第2期）文章中引证了麦克莱伦论述英国的马克思主义主要学派一些学者的思想。

在对后现代主义、全球化、政治哲学、伦理学等问题的研究方面，段忠桥的论文《戴维·麦克莱伦论后现代主义与马克思主义》（《教学与研究》2009年第3期）中指出，麦克莱伦的《马克思以后的马克思主义》（2007年第四版）增加了后现代主义和马克思主义的内容，为研究马克思以后现代马克思主义思想提供了更新的参考资料。臧峰宇在《马克思政治哲学与英国马克思主义传统》（《北京行政学院学报》2014年第1期）通过访谈论述了麦克莱伦对马克思正义观的理解，以及他的马克思的政治哲学观点与参考文献等。戴维·麦克莱伦的《全球化与21世纪的马克思主义》（《教学与研究》2005年第10期）探讨了全球化的内涵特征以及对中国和其他国家所带来的影响。戴维·麦克莱伦在《马克思、浪漫主义和生态学》(《人民论坛》2013年第10期上)论述了关于马克思思想认知的方法路径,一是启蒙方法注重理性科学,二是浪漫方法重视人的本性当中的非物质层面。李义天、张霄在《马克思主义伦理学何以可能——访英国肯特大学戴维·麦克莱伦教授》(《江海学刊》2018年第5期)探讨了麦克莱伦关于伦理学方面的马克思独到见解和问题,并且立足于马克思主义与麦克莱伦讨论了麦克莱伦有关于以人为本和人的全面自由发展的伦理道德等问题。

在麦克莱伦个人及思想的研究方面,国内截至目前发表了5篇硕士论文和4篇相关的博士论文。这些论文对麦克莱伦的马克思研究和意识形态等理论做了较为系统的论述与总结。2016年,刘子琪的硕士论文《麦克莱伦的意识形态理论研究》探讨与分析了意识形态的发展和其历史溯源,重点厘清了一些哲学家的理论差异,譬如对弗朗西斯·培根、特拉西、黑格尔等人的意识形态理论的解读诠释了麦克莱伦的意识形态的内在结构与自身逻辑的发展变化。2017年,董雷的硕士论文《戴维·麦克莱伦的马克思研究及其现实启示》以及2019年,凌士利的硕士论文《论戴维·麦克莱伦的马克思研究》都较为具体地体现了麦克莱伦所研究的马克思生平著作的背景、思想方法和马克思主义理论等内容。在博士论文方面,有关麦克莱伦的思想展开学术研究的作品主要有四篇可资借鉴。2004年,卜祥记的博士论文《青年黑格尔派与马克思的哲学革命》借鉴了麦克莱伦的早期著作阐释青年黑格尔派对马克思思想的影响。2005年,王志军的博士论文《论马克思的宗教批判》引用了一些麦克莱伦的观点论证一些问题,他指出传统宗教、习俗都会影响对马克思的宗教批判理论的研究等。2010年,陈爱萍的博士论文《第二国际马克思主义哲学研究》中归纳并指出,麦克莱伦认为参与第二国际组织的理论学者的思想在一定程度上对马克思思想进行了曲解与修正。2011年,徐奉臻的博士论文《从"隐性自在"到"显性自为"——马克思现代化思想及其中国化的历史命运》借鉴并引证了一些麦克莱伦的思想观点,他认为麦克莱伦在区分马克思与恩格斯的观念差异时强调,恩格斯更加深受决定论与进化论的影响。

以上这些内容的综述与梳理都为本篇论文的选题与构思提供了颇具意义的

理论来源与思想基础，这些研究涵盖了麦克莱伦对马克思主义理论、历史文化、意识形态批判等多方面的视角与维度的解析与论述，表明中国学者对麦克莱伦思想研究的兴趣点越来越多样化和丰富，而且主要集中在对其一些总体概述和发展脉络的梳理和探讨上。然而，国内研究主要局限于麦克莱伦的马克思传记、马克思主义发展历史及其意识形态的理论研究等，并未深入探索麦克莱伦的整体而全面的研究意识形态问题的方法。从整体上来看，国内研究的主要缺陷在于：首先，未能将其思想的解读与其主要所论述的资料进行有效的整合与归纳，特别是缺乏对外文文献的梳理与把握；其次，未能全面地涵盖麦克莱伦所涉及的具体研究对象并加以利用整合，未能从总体上进行具体内容的互联与贯通；最后，并未将麦克莱伦的历史哲学研究方法与其具体论述结合起来，充分地提取与总结出麦克莱伦的哲学视角与历史梳理的典型特征。尤其重要的是，还没有形成对麦克莱伦意识形态的整体思想的批判性的看法，这就在很大程度上影响了对麦克莱伦哲学思想内涵和精神实质的把握。

1.5 研究方法和路径

为了全面立体地呈现戴维·麦克莱伦批判的意识形态的整体思想，客观公正厘清其理论逻辑，本书主要对麦克莱伦的英文著作《马克思作品选》（*Karl Marx: Selected Writings*），《马克思：最初的一百年》（*Marx:the First Hundred Years*）等以及他的中文译本著作《青年黑格尔派与马克思》《马克思传》《恩格斯传》《马克思思想导论》以及他的英文论文《马克思的人的本质思想》（"Marx's Concept of Human Nature"），《马克思与马克思主义的今昔》（"Then and Now: Marx and Marxism"）和《意识形态》（"Ideology"）等作品和他在中国期刊发表的文章《全球化与21世纪的马克思主义》《马克思、浪漫主义和生态学》等作为研究的主要思想来源，并且阅读和吸收了相关学者对麦克莱伦的分析与研究。在综述了大量的国内与国外的文献资料以后，我们选择从麦克莱伦批判意识形态研究问题着手，对麦克莱伦批判的意识形态思想进行立体视角和历史维度的研究，充分把握其思想发展和实质。

本书的研究主要采取以下路径与方法展开：第一，通过历史情况的展示分析麦克莱伦的理论建构原点，具体探究其早期著作与文献以此作为本书的逻辑路径的起点，以马克思主义视角深入并层层推进，探索其批判意识形态思想的演进、价值与特征，并且通过对意识形态问题的不同侧面和历史维度溯源其思想主旨与维度。第二，以哲学整体视域出发分析麦克莱伦关于马克思思想的研究，以及对当代世界的马克思主义的研究。为了从总体上全面掌握麦克莱伦的批判意识形态思想的思考方式，我们主要以分类研究的方法，厘定其理论渊源、思想脉络、理论维度，做出系统的论述，基于此，提纲挈领地重现麦克莱伦批判意识形态思想的全貌。第三，运用对比分析方法，突出麦克莱伦的独创性，着重比较麦克莱伦的作品和语境，切实领悟其内涵，在纵深比较的基础上，更为准确地彰显麦克莱论批判意识形态思想的独到见解，对其进行更为精准与科学的定位。

小结

麦克莱伦深受所处社会时代与历史背景的影响，在他的家庭教化之下，终生以研究马克思理论的学术方式来寻求真理与社会奥秘，在其历史理论与社会前沿问题研究脉络中，不断发扬其文学底蕴与多元语言的优势，坚持科学的马克思主义的批判思维与历史唯物主义的方法论，建构合理的逻辑的解决问题的方式和路径，在现代、当代英国新马克思主义学界以至整个西方思想理论界留下了浓墨重彩的一笔。

作为英国新马克思主义理论的主要代表之一，麦克莱伦的整体性哲学思维方式对学术界具有重要的影响；同时，他的批判意识形态理论的分析与评判对西方学界具有教科书式的影响力，他以马克思的理论视角对宗教范畴的批判等，都是这一学术群体研究的重要组成部分。因此,对麦克莱伦批判意识形态思想的研究,更有助于对英国马克思主义理论学术价值的发掘,更有助于评价与分析整个西方资本主义国家的制度下马克思主义理论的发展状况,有助于我们了解西方学者以何种视角与维度对现当代资本主义社会制度进行批判。

现阶段,国外对麦克莱伦有了一定的研究成果,国内也对其思想做了一些介绍与评价。然而,不论是国外亦或是国内,以哲学视域对麦克莱伦批判意识形态思想进行整体评述与分析的理论成果,尚不多见。本书旨在对麦克莱伦的批判意识形态思想理论进行剖析与解读,对其思想脉络给予发掘和整理,更加清晰地分析和呈现其批判意识形态思想的道路、内容与方向。本书通过对麦克莱伦复杂而深厚的著作进行分辨评析,从哲学的高度进行浓缩与概述,探求其批判意识形态思想的主旨与本质。

第一章　麦克莱伦批判意识形态思想的理论渊源与形成

　　不单单是麦克莱伦，对于整个英国新马克思主义学者群体而言，他们的论述都具有典型的整体性哲学与经验哲学的研究特征，都以客观的历史作为研究依据进行分析与思考。在传统马克思主义理论家看来，麦克莱伦试图探究马克思思想的历史渊源，马克思与黑格尔思想的分歧及其相互影响。麦克莱伦对马克思与恩格斯的思想理论褒贬有加，对列宁的意识形态理论进行了较中立的审时度势的分析判断，对斯大林等苏联学者的马克思主义理论进行了针砭批判。麦克莱伦摒弃教条主义和本本主义的苏联的意识形态思想的研究路径，深受英国新马克思主义研究学者的影响，专注于吸收德法、东欧等西方国家马克思主义学者的研究成果，在不断汲取马克思主义营养与思想碰撞的过程之中，形成了自己独特而自由的马克思主义的批判意识形态哲学观。麦克莱伦吸纳了马克思的思维方法，运用科学理性的启蒙主义和人文主义思想，对问题进行拓展分析。他自觉使用了很多欧洲大陆思想家的研究成果和分析经验，比如早期西方马克思主义学者卢卡奇、葛兰西等人的思想，为他开拓了更多的研究思路。麦克莱伦在英国受到了良好的教育，深受英国新马克思主义思维范式的影响，因而具有这一学术研究群体的典型气质和很多共同特点，并且逐步形成了独具特色的批判的意识形态思想。

1.1 时代背景下的个人研究旨趣

每一个人的思想的形成都不是一蹴而就的，而是有着深厚的历史根源与变幻莫测的时代背景，此外，更离不开的是孜孜以求的个人旨趣以及笃学不倦的学术态度。20世纪以来，随着反对正统马克思主义而另辟蹊径的西方马克思主义理论蓬勃发展，另外，受益于英国深厚的文化批判底蕴与典型经验哲学的方法论的积淀，麦克莱伦对马克思的思想着迷之后，便踏上了攻读博士的求学之路。德国法兰克福研究所的丰富史料为他提供了充沛的精神食粮，这些都为麦克莱伦的批判意识形态思想的形成，提供了思想基础。

1.1.1 资本主义时代危机的意识形态根源研究

20世纪40年代之后，西方资本主义社会逐步从第二次世界大战的阴影之下复苏并恢复生机，历经了短暂的战后的复兴与发展。然而，资本主义社会的基本矛盾，即生产资料的私有化和社会化大生产之间的矛盾，从根本上不可调和，即使适应了一段时间的社会需求，但不可避免地又开始面临新一轮矛盾，例如社会贫富差距日益扩大，工人阶级陷入失业困境而生活窘苦，政府财政赤字问题严重等社会潜在危机闪现。从社会经济层面来看，经济危机周而复始致使经济停滞不前，小资产阶级破产，工人失业。伴随着技术信息化的革新与进步，工人阶级更是成为异化的生产工具而失去了人的本质属性，世界经济的全球化为资本主义社会进一步实现世界扩张提供了广阔的世界市场；但随之也带来了新的挑战，资本主义国家为了自身利益所出台的一系列利己政策，比如实行贸易保护主义，以及贸易不平等交易等，这些政策严重阻碍了国际贸易秩序与世界经济的发展。从政治生活层面来看，资本主义国家为争夺世界领导权而发动了第二次世界大战，战后建立起以美国为中心的雅尔塔体系，奠定了以美元作为世界货币霸主地位的布雷顿森林体系。冷战结束之后形成了以美国为首的一超多强的世界格局。美国等资本主义国家对外实行霸权主义以及强权政治，世界局部冲突不断，恐怖主义与狭隘民族主义交织在一起，西方社会出现了国家安全问题和信仰危机等一系列社会问题。尽管科学技术进步，但是这却加重了对工人阶级的深层次剥削，失业问题凸显，贫富差距拉大，社会民生问题显著。从文化思想层面来看，在西方资本主义新一轮的自由主义思潮的影响之下，人们的价值观扭曲甚至陷入迷茫空虚、个人享乐、拜金思潮之中，特别是欧美大多数年轻人对人类社会的精神文化感到失望。20 世纪 50 年代冷战时期，美国的麦卡锡主义摧毁了人与人之间相互信任与支持的社会氛围，人们感到无比的害怕与寂寥，青少年的成长无法摆脱这种社会风气的影响，从而形成了那个时代所特有的"垮掉的一代"，人们的精神世界无法得到慰藉与滋养。从生态环境层面来看，资本主义社会的本质是只注重经济发展而忽视生态环境，这就进一步导致了环境恶化、生态不平衡等一系列全球环境问题，例如大气污染、全球变暖等。戴维·麦克莱伦正是在资本主义危机四伏的时代背景之下成长起来的一位马克思主义学者。

20 世纪 40 年代的英国，人们刚从战争的废墟中开始逐步恢复生产，工党领袖克里门特·艾德礼作为首相组织了战后首届政府，工党在主政期间力主全面社会改革以振兴英国经济，改善社会生产。英国具有典型的公私混合经济体制，并大力主张发展国有经济，国有企业迅速发展并且推行高福利国家政策。人们普遍认为战争是资本主义不可调和的矛盾所发展的必然结果，人们对战争所带来的恶果历历在目：贫困交织、失业、不平等、疾病困苦等。西方的普遍价值信仰遭受重创，并且政治意识形态领域出现了严重的信仰危机，有人声称国有化才是根除资本主义生产资料私有化的弊端的武器。第二次世界大战之后，社会主义意识形态和资本主义意识形态严峻对峙，马克思主义思想在英语国家也陆续地被翻译并且广泛地传播，日益吸引了西方学者的广泛关注。然而，苏联在不断军备竞赛中拉垮了经济，使其社会主义意识形态发生了变异并且濒临崩溃。在苏联共产党第二十次代表大会上，赫鲁晓夫做了《关于个人崇拜及其后果》的"秘密报告"，这份报告全面批判了斯大林，并且彻底动摇了列宁主义的历史地位，使苏联的整个意识形态陷入了思想的混乱和恐惧，这也击垮了苏联整整一代年轻人对共产主义的崇尚。至此，马克思主义理论具有了更加多维立体和多元化的特征。

20世纪60—70年代，欧洲以及美国等国家和地区普遍盛行存在主义和人道主义学术思潮。60年代末，出现了席卷巴黎并影响了整个世界的"红色五月风暴"，学生的独特个性不再受到压制，文化和艺术不受限制，从人文艺术到电影电视变得丰富多彩，每一种哲学思潮，所有哲学家的思想都在这一时期激烈地碰撞，从解构主义到后马克思主义，从存在主义到无政府主义，不同的思想倾向和哲学尚未统一。学者们在相关文章中评论了劳工运动的遗产，认为新资本主义已经成功验证了1968年社会上流行的预言。在今天的意识形态记忆中，五月风暴和学生抗议与工人罢工之间的联系似乎已经被忘记了。正如法国学者卢克·博尔坦斯基（Luke Boltanski）和夏娃·基亚佩罗（Eve Chiapero）在1999年《新资本主义精神》中所指出的那样，自20世纪70年代以来，出现了一种新的资本主义形式，它摒弃了福特的分层生产方式，发展了一个基于网络的组织，即重视动力以及员工在工作场所的自主权，由众多参与者组成的各种组织网络，它们以团队或项目的形式，关注劳工满意度和公众利益以及生态环境。福柯指出，"1968年以前，至少在法国，如果要做一个哲学家，你必须是马克思主义者，或存在主义者，或结构主义者。"[1]左翼思想传播使学生们不断质疑权威和秩序，在世界各地蓬勃发展的民族独立革命如火如荼地进行，对个人解放日益强烈的寻求使他们对教条观念越来越不满意。麦克莱伦始终将马克思主义思想融入社会实践，同时他在基督教方面也有丰富的知识，并全心投入自己的学术生活，因此他很快对青年黑格尔运动产生了兴趣，着力研究以鲍威尔、费尔巴哈等早期代表人物的思想，并试图将黑格尔社会理想中的制度与现实结合起来，将宗教和形而上的动机与社会现实联系起来。正如麦克莱伦所言，"青年马克思描述了一幅关于人的潜能的内容极其丰富的画面"[2]。

戴维·麦克莱伦正是在如此时代背景之下展开其学术研究的。1968年，

---

[1] ［法］福柯.权力的眼睛——福柯访谈录.上海：上海人民出版社，1997：201.
[2] ［英］大卫·麦克莱伦著.马克思与马克思主义的今昔.张双利，译.当代国外马克思主义评论，2000（01）.

麦克莱伦创作了自己的博士论文《青年黑格尔派与马克思》，论述了马克思的思想渊源。在其陆续发表的相关论文中，麦克莱伦认为，20世纪50年代晚期商业娱乐、电视等时尚，改变了人们的日常生活，工人阶级的休闲与生活形式有了较大的改观，受虚无主义与后物质主义价值观的影响，人们的精神世界日益空虚。英国等资本主义国家在历经短暂经济繁荣后又开始陷入经济危机的怪圈之中，通货膨胀、财政危机等社会问题加剧。东欧国家的历史剧变，中苏分裂等使得正统马克思主义分化，人们出现了信仰危机，对苏联教条主义的社会主义意识形态心灰意冷。西方马克思主义学者开始重新研究马克思主义理论，从真正意义上回到马克思思想，寻求一种认识世界并改造世界的方法论，在他们的研究过程中结合了西方等重要的社会思潮如存在主义、人道主义等产生了一系列新马克思主义的研究路径。这些新的视域和方法论，为麦克莱伦进行相关研究开拓了视野并提供了文献资源。20世纪60年代末正是这样的一幅场景："1968是一个相当重要的历史时刻：一个反资本主义、反帝国主义、反种族主义斗争凝聚的节点；一个全球性的时刻，即同时动员和质疑从无政府主义到马克思主义的一系列激进传统（以及更多）。"[1] 麦克莱伦指出，资本主义制度带来了短暂的经济繁荣，但是不仅是英国，更多的资本主义国家在经济结构发展之中都具有严重的破坏性，如破坏社会结构等，产生新的社会危机。麦克莱伦认为，面对新的社会现实，意识形态问题一时成为一个核心问题，"通过观察整个世界的组织方式，以及资本主义不稳定的本质"[2]，我们至少可以遵循要为大多数民众的谋利益的原则来规划我们的经济行为的方式，来试图解决这些问题，其中最重要的是作为观念基础的意识形态思想的改变。从世界范围来看，马克思主义者们所鼓励的独立的民主运动、反帝国主义的民族解放运动，对于解决资本主义的危机，将起到关键的作用。1917年十月革命的成功给世界带来翻天覆地的变化；1949年新中国的诞生，更是证明了伟大的马克思主义政

---

[1] David Bates. Iain MacKenzie, Sean Sayers. Marxism, Religion and Ideology: Themes from David McLellan. Routledge, 2015: 21.

[2] 孙微. 国际知名马克思主义研究者麦克莱伦认为马克思能帮我们认清当下问题. 北京：环球时报, 2018.5.4, 1.

党即中国共产党所领导的革命的正确性，因此，必须充分发挥马克思主义政党的革命作用，才能实现推翻资本主义制度的历史使命，因此，21世纪的国际政治，必将具有鲜明的马克思主义的特色。

1.1.2 宗教启蒙与批判意识形态的个人研究旨趣

麦克莱伦1940年在苏格兰出生，曾经在麦肯特泰勒斯学校学习。他在幼年时深受家庭教育的影响，他的父亲在家中教他学习拉丁语和希腊语，这就为他的语言学习打下了坚实的基础，他的母亲拥有坚持不懈的优秀的性格为他克服学习工作困境树立了生活的标杆。麦克莱伦于1960年进入牛津大学继续学习语言，涉及多门语言，有拉丁语、希腊语等，此外他选择了哲学学科作为他的专业领域。在20世纪60年代早、中期，他在前往苏联访学期间，在机缘巧合之下被马克思思想深深吸引，这影响了其一生的学术追寻。他在1962年准备毕业之时，由于他的最初兴趣主要在宗教，故此他选择从事传教士的工作却遭到母亲的强烈阻止，于是他在1962年春天，前往法国巴黎附近的学校工作了一年。第二年的四月份，他前往耶稣会进行了短暂的实习。在法国，麦克莱伦阅读了大量书籍，获得了很多新的知识和信息，特别是他开始阅读马克思的相关书籍，为他的思想开拓了新的路径。

麦克莱伦能够深入理解世俗化的整个概念，是因为他在法国萌发了对马克思的兴趣，并且认为这是值得反复思考以及深刻领悟的世界观与历史观。他开始接触《德意志意识形态》，被其中的观点与思想所深深地吸引，特别是马克思的理论与实践相结合的观点等，引起了麦克莱伦的强烈兴趣。与此同时，他开始将自己擅长的宗教理论与现实相结合，这是得益于学习马克思的思想，这推动他开始探索青年黑格尔派运动的思想与马克思的思想的关系。1964年，麦克莱伦放弃了成为一名传教士的机会，想要继续弄清楚他感兴趣的问题，进而选择前往牛津大学学习，攻读博士学位。他的导师以赛亚·柏林（Isaiah Berlin）建议他以青年黑格尔学派为主题，由于他自己对宗教的兴趣，他从布鲁诺、费尔巴哈、赫斯等人的思想着手，逐步地认识到马克思青年时期的一些思想的转变，正是深受黑格尔学派成员的争辩与探讨的影响的结果，这样一来，他的博士论文的选题就确定下来了。

在麦克莱伦创作博士论文时期，马克思最初的一些作品开始不间断地被译成英文，这些论文和著作，在恰当的时间与恰当的地点，启迪了麦克莱伦，使他了解到马克思更为丰富的思想，麦克莱伦说这"似乎向我呈现了一个奇妙的人性之思"[①]。在他看来，马克思对宗教的批评是有效的，他在其著作《马克思主义与宗教——一种对马克思批判基督教的描述和评估》中，较为公平而客观地论述了马克思主义传统中评价宗教话语的一致性和历史准确性，并提出了自己独到的见解。随后，麦克莱伦又前往德国6个多月，进一步深造学习，在法兰克福社会研究所得到了阿多诺和哈贝马斯的帮助。他们对麦克莱伦研究马克思的思想给予特别鼓励，并指导他精读了大量的相关著作，例如尤尔根·哈贝马斯于1963年写作的《理论与实践》等。1967年以后，他一直以历史视角对马克思思想进行研究，同时致力于与社会现实相联系的问题研究。他始终坚信对19世纪以来最引人注目的并且最具有人类历史贡献的著作的研究是责无旁贷的。他一直坚信不论政治制度的变革如何，都无法撼动他坚持研究马克思主义思想的热情与信念，这是最初使他的思想获得启蒙的源泉，是使他持之以恒，尽管遭遇很多困难，依然能在学术道路上开拓进取，锐意前行的动力。

在麦克莱伦开始撰写他的博士论文时，可查阅的马克思的相关著作只有一部J.Y.卡尔威兹的《马克思的思想》。随后，为了获得更多丰富的参考文献，他前往德国的法兰克福社会研究所撰写他的博士论文，在研究所他阅读了大量的文献资料，认识到西方马克思主义学者阿尔都塞所坚持的唯心主义确实是偏离了马克思唯物史观的认识论和方法论。当麦克莱伦回到英国牛津大学之后，他将研究的重点转向了1815年到1848年之间的马克思的思想发展过程。当时，在英语世界，相关的研究领域有两部著作非常重要，其中之一是1961年出版的罗伯特·塔克（Robert Tucker）的《哲学和卡尔·马克思的神话》。麦克莱伦认为塔克将马克思主义描述为一种宗教，它包含比神话更多的神话，并且

---

① 李宏伟，王珍.全球化、宗教及21世纪的马克思主义——戴维·麦克莱伦教授访谈.北京行政学院学报，2014（01）.

几乎没有社会科学的内容，这种观点是错误的，但塔克的书为他对马克思的早期思想的研究提供了详尽而具有挑战性的描述。次年，卡门卡（E. Kamenka）发表了《马克思主义伦理学基础》，这本书很大程度上依赖于马克思的早期作品，是非常有价值的，对麦克莱伦产生了重要影响。麦克莱伦在系统开展理论研究的过程之中，发现在理解马克思的思想内涵和开展相关研究时，很多著作只引用一些马克思原著中的只言片语，并未系统地将其置于同一种语境之中来进行理解和认知，这就无法连贯地解读马克思思想的进步与变化。此外，很多引用也并未标明引文的准确出处和其著作的历史背景。鉴于此，麦克莱伦将一生的学术精力投入到编撰马克思的相关著作，他运用历史视角和整体系统论不断地修复西方学者们欠缺标准化的英语译文，将未准确翻译的马克思的文献进一步完美化，对很多并未引起关注的引文也进行整理与翻译，在其每一部著作中都整理了评述和参考文献等。

综上所述，麦克莱伦把马克思主义思想拓展至西方学者研究领域，并得到了广泛的关注。很多学者通过对青年黑格尔派运动的思想梳理试图全面考察马克思思想形成的历史渊源，学者将马克思主义在西方学界与不同的理论相互交叉地进行研究，这就促使学术界不断地衍生出了各种学派的马克思主义学说，但是学界对马克思的历史脉络梳理的文献的研究却鲜而有之。故此，麦克莱伦开始针对青年黑格尔派学说以史学研究方法展开文献研究，对青年马克思的时代背景以及其思想转变历程和深受哪些人的影响与社会因素的作用，都展开了细致的研究与解读，这就使学界拥有了更多的文献资料，并且更为清晰地理解了马克思的思想起源、发展和演变。例如他对马克思的《资本论》撰写了很多英文文献评论，他还在《马克思思想导论》的第三版中增加了专门阐述意识形态的一些章节，作为他的阶段性研究成果。

1.2 对青年黑格尔派与马克思早期思想的研究

麦克莱伦于1968年1月出版了其博士论文《青年黑格尔派与马克思》，全书专门论述了青年黑格尔派的产生与发展所经历的一系列历史背景和一般特征，这项研究为其不断探索马克思思想奠定了坚实的理论基础。20世纪30——40年代，马克思的早期著作相继翻译问世并且在业界引起广泛关注，学者们逐步将研究方向转向了青年时期马克思思想的理论背景，这就不得不提黑格尔的思想。青年黑格尔学派是非常激进的派别。对青年黑格尔学派的主要人物和思想进行把握有助于更深入地理解马克思思想的缘起。麦克莱伦认为，每一种思想都烙印着每一时代的特征，马克思早期思想也是深受同一时代学者的影响。他在与同一时代各种思想的碰撞之中收获很多启发，通过理解鲍威尔尖锐而激进的宗教批判，形成了人的自我意识的理性批判。阐释了赫斯的经济学领域的激进思想，形成了独特的政治经济学分析方法。马克思还强调赫斯是德国共产主义思想的第一个宣传者等。麦克莱伦对马克思早期思想渊源的厘清，构成了他批判意识形态思想的理论基础。

1.2.1 青年黑格尔派的宗教批判与人本精神的影响

麦克莱伦早期思想的形成正是通过解读青年黑格尔学派代表人物的生平与著作，阐述他们的思想，来进一步理解马克思的早期作品与深刻分析其思想变革。厘清青年黑格尔学派的历史渊源和主要特点，翔实展现青年黑格尔派主要代表人物的哲学观、宗教观和政治观点，以及他们之间的紧密联系，这些工作体现了麦克莱伦以独特的视角关注马克思早期重要著作，并且追根溯源至青年黑格尔派代表人物的系统思想，这就建构了麦克莱伦批判意识形态思想的研究方法与理论基础。他还为读者进一步呈现青年时期马克思思想产生的时代背景与理论演进，指出马克思主义是历史时代在一定阶段发展的产物，是具有不断承前启后功能的思想。

麦克莱伦认为，鲍威尔与黑格尔有本质的差异，通过对比黑格尔与鲍威尔在辩证法内涵问题上的理论分歧，他指出鲍威尔在论述宗教时片面地考虑到了黑格尔对宗教的历史批判，但未能深刻地把握黑格尔思想的实质。在麦克莱伦看来，黑格尔在《精神现象学》中论述绝对知识时，对宗教的内涵进行了完整论述。在鲍威尔完全主观的"自我意识"甚至是在"不幸意识"之前就出现了。麦克莱伦认为，鲍威尔并不是仅仅对黑格尔原著进行精确注释，而是进一步要指出黑格尔思想中对未来有意义的方面，黑格尔对辩证法的解释是青年黑格尔派所认可的。鲍威尔的"自我意识"来源于黑格尔《精神现象学》，鲍威尔和黑格尔在理解辩证法内涵方面是有本质区别的。首先，黑格尔强调辩证法是一个过程，又是一种发展，也就是从一种事物状态到另一种更完善的事物状态，这就体现了朴素的辩证法，即前者与后者是相互承继与紧密联系的。黑格尔用"扬弃"来解释这种过渡的状态，"扬弃在语言中，有双重意义，它既意谓保存、保持，又意谓停止、终结。保存自身已包括否定，因为要保持某物，就须去掉它的直接性，从而须去掉它的可以受外来影响的实有。"① 鲍威尔指出辩证法是对一种纯粹事物的否定，即后者不是前者的更完善的状态，而是对前者的否定甚至是对立的。青年黑格尔学派愈来愈秉持这种辩证法的观点，在其作品之中淋漓尽致地表达支持启蒙运动和法国大革命。其次，黑格尔认为思维和存在具有统一性，而鲍威尔更侧重思维和人类主体思维的首要特性。

自1840年以来，黑格尔首次提出自我意识的哲学思想，这就一直成为该学派的核心思想，这意味着人们认识到自我意识哲学在经历变化发展的过程中，占据着一般思想中的重要地位。麦克莱伦认为，鲍威尔仍未解决历史的真实动力是人，还是一种绝对精神，他认为自我意识的本质是发展。自我意识就是一切事物运动的源泉，创造和破坏一切，并且存在于自身的运动之中，只有在这种运动之中意识才能有其目的性和同一性。批判是青年黑格尔学派又一典型特征，它特指将对象改变为自我意识的活动。这里批判是指某一特定哲学的最后

---

① [德] 黑格尔著. 逻辑学（上卷）. 杨一之, 译. 北京: 商务印书馆, 1996: 98.

成就，这一哲学从限制其普遍性的肯定方面解放出来，而且把批判作为一个前提，也就是使哲学达到自我意识普遍性的一个前提。鲍威尔指出批判是将自己的活动带向历史而不是历史向我们走来。

麦克莱伦认为，鲍威尔作为神学家，他所论述的关于异化的概念是特指宗教异化，这个理论指出人类意识所分离而幻化造成的某类虚化幻想，不单单是存在某种与人类意识无关的东西，而且人类自我也依附于这类幻想。正如鲍威尔所认为的，"宗教是意识的一种分裂，在意识中宗教信仰成为一种独立的力量而与意识相对立。"① 费尔巴哈认为宗教是人性的投射，只有一个人将自己所幻化的想象重新认识并收回到自身异化才能被克服。异化的状况不是固定不变的，人类不可能完全丧失自己，在世俗社会之中宗教意识由于同自由意识的联系不得不发生改变。人类试图与宗教相对抗来获取自主的权利，宗教的特性会使其与自我意识疏远，转向彼岸世界。鲍威尔将世界历史分为两部分，一部分是异化和缺乏自由的历史，另一部分是从现在开始的即人完全恢复自由的历史，先前历史是为此准备的。现时代是历史的转折点，完全解放迫在眉睫，这就造成了这个时代的"大灾难"的特征。他所率领的先锋队已经使宗教最后完蛋了，批判已经"使人回复到自身"，宗教问题"永远被消除了"，留下的只是人们充分宣传这件事。由此麦克莱伦认为鲍威尔对马克思的影响是根深蒂固的：不是一掠而过，更多是出发点上和思想的结构方面的影响。但是，在1844年末，马克思和恩格斯在《神圣家族》中公开清算与鲍威尔及柏林青年黑格尔派的分歧，当然，此时鲍威尔的很多立场也与之前和马克思亲密相处时有了很大改观。

麦克莱伦指出，费尔巴哈在《基督教的本质》一书中主要围绕宗教如何阐释人的本性进行论述，但是如果仅将这种本性视为上帝，人类将被剥夺了本性，如此而来，人和其本身分离就造成了一种被异化了的人。这是直接与黑格尔的宗教观相对立的内容。费尔巴哈指出他的哲学离不开宗教的土壤，将哲学作为

---

① ［英］戴维·麦克莱伦著.青年黑格尔派与马克思.夏威仪，陈启伟，金海民，译.北京：商务印书馆，1982：65.

替代宗教的方式,实际上这仍然是宗教本身或是其本质内涵。但是"真正的社会主义者"赫斯和格林等人认可费尔巴哈关于宗教的论述,并且支持费尔巴哈对宗教和道德的态度,信仰永恒的价值,这也正是他们与马克思决裂的主要原因。麦克莱伦认为费尔巴哈关于"类"的论述具有典型影响力,当教会的教义,归结为是基督的品质和作用,这被看作是属于个人的,即一个神人时,它们是矛盾的,但它们在"类"中却是一致的。人类是两种性质的统一,即有限精神中寓有它的无限性。费尔巴哈关于类的定义是说人类的基本统一性源于人们不能自给自足的事实,人类具有完全不同的素质和能力,必须将其统一起来才能构成了"完整的人"。所有知识都来自作为人类阶级成员的人,而当一个人作为人类阶级成员时,其活动具有不同的性质,他的人类同伴使他意识到自己是一个人并形成了他的意识甚至真理的标准。

麦克莱伦主要解读了费尔巴哈在1843年发表的两部著作即《关于哲学改造的临时纲要》和《未来哲学原理》,这两部著作深刻地影响了马克思思想的发展方向。通过考察马克思所引述的内容和对其影响的主要方面,进一步分析费尔巴哈的主要历史成就。首先,他认为哲学仅仅是一种表达思想和讨论合理性的宗教形式,但它是人性的异化和存在的另一种形式。因此,哲学也必须受到批判;其次,科学的实践为唯物主义的建构拓宽了理论根基,费尔巴哈探讨关于人的本质和社会关系的相互作用作为其理论契机。第三,哲学在自身之上脱颖而出,并在经验上被认为是基本陈述,否认绝对陈述。麦克莱伦通过研究1843——1845年期间的马克思的作品,他指出了"黑格尔法哲学全部秘密"[①],并且强调"理念变成了独立的主体,而家庭和市民社会对国家的现实关系变成了理念所具有的想象的内部活动,实际上,家庭和市民社会是国家的前提,它们才是真正的活动者;而思辨的思维却把这一切头足倒置。"[②] 马克思分析了黑格尔的《哲学科学全书纲要》一书,进一步解读了黑格尔的一般性哲学批判,对黑格尔的政治哲学也提出了同样的质疑,马克思的很多独特语言是从《哲学

---

① [英]戴维·麦克莱伦著. 青年黑格尔派与马克思. 夏威仪,陈启伟,金海民,译. 北京:商务印书馆,1982:107.

② 马克思恩格斯全集(第1卷). 北京:人民出版社,1995:249-250.

科学全书纲要》中吸收获得。麦克莱伦认为费尔巴哈《法哲学原理》这部书重要的影响在于为马克思建构唯物史观提供了重要的方法论，他运用通俗语言描述自然界是基础，"精神的"是上层建筑等问题，马克思更深入地把"精神的"理解为是社会和国家，马克思还运用"市民社会"取代了现代国家的"自然基础"。麦克莱伦认为，马克思的唯物史观不仅仅是对费尔巴哈思想的推进，而实际上是马克思从根本上吸收并突破真实意义的人道主义和共产主义逻辑。在《德意志意识形态》中马克思全面地对费尔巴哈进行批判，这标志着费尔巴哈的影响力开始减弱。

麦克莱伦认为，施蒂纳与布鲁诺·鲍威尔、费尔巴哈和赫斯有很大差异，施蒂纳对马克思的影响并不大，但施蒂纳对于马克思从费尔巴哈的影响中分离出来，发挥了重要作用。马克思在费尔巴哈发表《唯一者及其所有物》后，他对费尔巴哈的态度使他被误认为是费尔巴哈的门徒，施蒂纳对费尔巴哈批判的著作使马克思在这场争论的背景之下完成了《德意志意识形态》，此书力图实现对费尔巴哈和施蒂纳的进一步批判。麦克莱伦论述了莫泽斯·赫斯的著作《人类的神圣历史》。麦克莱伦在文中之所以强调该书的重要性是因为社会主义的观念最早是在德国提出的，并且使用了法国的资料，传统的批判和超自由的宗教思想都是吸纳了圣西门的思想。他论述了人类怎样才能恢复与上帝的一致性，因为维持二者的和谐一致是不存在的，关于未来共产主义如何通过自由和平等来抚慰人们内心的裂缝，他认为也许会通过和平解决，他又担心会因为贫富差距拉大引起社会革命。赫斯的《欧洲三头政治》对前一部著作是有重大影响的，通过对黑格尔哲学的批判，指出人通过行动的概念恢复了自主性，第一次出现了行动的内涵。赫斯对恩格斯产生了深刻影响，使恩格斯完全转向了共产主义。

总而言之，麦克莱伦通过理解青年黑格尔派、哲学学术派别的兴起与发展，对其开展了一系列争论活动的分析，并进一步深层次探索该学派的主要典型特点，重点把握了黑格尔学派中很多著名的代表成员的哲学、宗教方面的思想倾向。此外，对马克思与其中每个人之间的关系，以及交叉的观点进行了阐释，更准确地解读了青年马克思思想的发展与进步著作本身，更多是追溯思想变迁的过程，不能割裂其思想变化过程是深受每一时期前人思想的影响，这些都对麦克莱伦批判的意识形态思想的形成产生了实质性影响。

1.2.2 马克思早期著作与历史观传播研究的影响

麦克莱伦强调指出，马克思早期著作之所以有价值不是因为著作本身，更多是追溯思想变迁的过程的缘故。在德国的特定社会背景之下，青年黑格尔学派逐步发展成为一个政治反对派，逐渐显露出越来越激进的主张，这个学派主要在柏林大学开展活动，通过浪漫主义和唯心主义的思维方式探讨思辨哲学、启蒙运动的批判以及对法国革命的精神向往。1831年黑格尔逝世前后，他的学生成立了黑格尔学派的一些协会，1827年创办了定期刊物《科学评论年鉴》，黑格尔哲学在此平台得以传播与发展。但是在这个学派内部不可避免地开始出现意见分歧并爆发争论。争论最激烈的问题是："灵魂不死和上帝的个性"[①]，这两个问题在黑格尔逝世以前由费尔巴哈在他的著作《论死与不朽的思想》中提出来。黑格尔描述基督教为"绝对"和"完美"，并指出哲学和宗教的内容是相同的，二者的不同主要在于哲学更理性地阐明了宗教通过想象力和图像理解的东西，二者内容一致而解读形式有所不同。黑格尔想表明的是哲学与宗教在一定意义上是可以和解的。

麦克莱伦以青年马克思所生活与居住的地点的时空转移为线索，管窥其城市作为研究主线再现其如何受到社会影响。1818年5月马克思出生在德国，一座最具有历史情怀的古城特利尔市，它坐落在摩塞尔山谷并且四周环绕着地中海植被与葡萄园林，在拿破仑战争时期这地区被划归于法国，言论自由和立宪自由弥漫着整个城市，马克思对社会思考专注的热情，源于启蒙运动的理性主义精神。自1830年法国七月革命爆发后，日益扩大的贫富差距、经济萧条更加增长了人们对普鲁士的敌对情绪，因此这里是德国最早出现空想社会主义思想的城市。

1835年10月马克思到了波恩，在波恩大学学习法律，这里浓厚的浪漫主

---

① ［英］戴维·麦克莱伦著.青年黑格尔派与马克思.夏威仪，陈启伟，金海民，译.北京：商务印书馆，1982：3.

义深刻影响着青年时期的马克思。1836年10月马克思转学到柏林大学，正如恩格斯所说，"有刚刚诞生的资产阶级，有口头上勇敢，但行动上怯懦的奴颜婢膝的小市民，有还极不发展的工人，有大批的官僚以及贵族的和宫廷的奴仆，我们知道它仅仅作为一个'王都'所具有的一切特点。"[①]柏林没有强烈的等级传统根基，没有长期以来的贵族和资产阶级。柏林大学的学术氛围浓厚，学生都更加向往学问与安静，马克思也更加专注学业，大量阅读法学著作，深受黑格尔学派以及爱德华·甘斯讲座当中的理性主义影响，他通过对法律研读进行哲学思考，试图创作一种法的哲学。马克思在柏林大学上学最初的时光，他支持康德注重超越世俗的浪漫主观主义，坚决不支持黑格尔的概念思维和过于理性主义的建构方式，由于黑格尔哲学一直以来在柏林大学的统治地位，以及随着他全面阅读了黑格尔的著作，他开始向黑格尔转变并且放弃了浪漫的唯心主义。

马克思于1841年4月在耶拿大学获得博士学位，他的论文主题深受亚里士多德、青年黑格尔学派的启发，论文考察了古希腊哲学以及当代黑格尔哲学的状况。他在1842年选择做新闻出版工作，辗转于特里尔、波恩和科伦。19世纪40年代，科伦是莱茵地区集政治文化、工业经济最为发达的区域，莱茵地区在19世纪末归于法国。受益于经济和政治方面的改革，大部分德国进步人士都来自这里，社会主义思想在这里得到了广泛传播。麦克莱伦分析了莱茵地区社会经济状况，指出马克思作为编辑的第一篇重要文章，主要是讨论新近提议有关颁布更为严格的林木盗窃法，"很多社会历史的细节叙述，而是从法律的和政治的立场探讨了这些问题。"[②]这篇文章是马克思思想的转折点，此后他开始关注社会经济现实，"曾不止一次地听到马克思说，正是他对林木盗窃法和摩塞尔河地区农民处境的研究，推动他由纯政治转向研究经济关系，并从而走向社会主义"[③]。

[①] 马克思恩格斯全集（第21卷）.北京：人民出版社，1995：20.
[②] ［英］戴维·麦克莱伦著.马克思传（第4版）.王珍，译.北京：中国人民大学出版社，2016：45.
[③] 马克思恩格斯全集（第39卷）.北京：人民出版社，1995：446.

法国大革命掀起了工人运动的高潮，社会主义思想汇集至巴黎，由于《莱茵报》被普鲁士反动政府所压制并查封，此时马克思将思想活动阵地转移至巴黎，由于1836年到1846年11月正义者同盟的实践运动，对他的思想产生了巨大的影响，马克思在这时期创作了丰富的作品。马克思开始转向对黑格尔政治学的反思与批判主要有两个因素，首先是他从事《莱茵报》的编辑工作之时，深受赫斯等国家社会主义信仰的影响强调反对资本主义政治体制下的自由主义，他从政治、经济等社会领域考察黑格尔并进行深入反思和批判。第二个因素是受到费尔巴哈的哲学与历史分析的启发，人本主义的基本精神使马克思在对黑格尔的辩证法进行改造和创作之时，通过对现实社会政治矛盾研究，并运用费尔巴哈的主语和宾语对象进行倒置思想，分析其矛盾的根本是宗教和政治的异化。欧洲巴黎的思想变革最终深刻地改变了马克思的纯学术范畴的研究，他开始转向了对社会现实的研究。

20世纪20年代，社会民主党人和共产党人都主张反对资产阶级，都强调指出马克思主义是科学和无产阶级的世界观，但却过于激进地划分了青年马克思和成熟马克思的的界限。随着两大极权主义即法西斯主义和斯大林主义的产生，具有人道主义倾向的敌对因素形成了一个联盟，有些人指出马克思理论继承了西方哲学传统的特征，强调了资产阶级的革命运动和无产阶级的革命运动之间的继承性，他们反对德国、意大利的资产阶级为法西斯主义歌功颂德。反对斯大林的很多共产主义的支持者，他们通过阐述马克思早期作品用来作为意识形态的理论武器，极力反对所谓的官方而正统的社会主义代表，日益反对官僚作风和独断专权。一直到1920年，这一时期意识形态研究的问题凸显，重要思想家的思想研究呈现多样化和具体化。然而实证主义与新康德自由主义重视实际利益的修正主义者，例如伯恩斯坦没有时间研究黑格尔、考茨基和正统马克思主义，他们为了实现其目标力图建立一个没有任何道德或者形而上学因素的所谓的科学教条的共产主义信条，并且忽视了黑格尔理论是马克思的重要理论渊源。

麦克莱伦非常注重解读青年时期马克思的一些作品，然而同时代人却忽视了马克思早期著作的影响力，主要原因在于：其一，19世纪40年代，不单是在社会主义圈层，蒲鲁东的影响力远超马克思。马克思和恩格斯承认其手稿内容乏味，并不太注意保存手稿，甚至未找到出版商愿意出版《德意志意识形态》，1848年发表的《共产党宣言》并未得到广泛反响。正如马克思所言，"既然我们已经达到了我们的主要目的——自己弄清问题，我们就情愿让原稿留给老鼠的牙齿去批判了。"①其二，19世纪60年代马克思依然被恩格斯等人的名望所淹没，直到1867年第一卷《资本论》问世，马克思才有了一定影响力。许多社会主义者认同哈罗德·威尔逊的观点，"共产主义在实践中只是基督教，真正道德的化身耶稣基督是第一个共产主义者"②。其三，麦克莱伦指出马克思早期著作未得到及时保护。马克思于1842年在《莱茵报》上发表的政治论文在1851年重新发表，而《神圣家族》和《德法年鉴》上的许多文章都无法考证。其四，麦克莱伦指出影响青年马克思重要的政治因素，是黑格尔哲学传统的复兴。后来马克思更多关注经济问题，从字面上解读是抛弃了"早期人道主义的立场观点，然而马克思的早期著作中包括所有后来马克思思想含有的论题"③。

尽管马克思和恩格斯不愿意运用早期哲学的方式来表达观点，在《共产党宣言》中指出，"他们在法国人对货币关系的批判下面写上'人的本质的外化'"④，马克思嘲笑德国的作家批判货币的方式，但是马克思也认为，"德国的工人运动是德国古典哲学的继承者"⑤。很多理论家并不认同黑格尔的理论，马克思却对此有独特的看法。1858年，施特劳斯的《耶稣传》问世，黑格尔学派的成员产生了理论纷争。施特劳斯与黑格尔不同，黑格尔把《福音书》历史当作不重要的问题，而着力对它们象征性的内容做思辨的解释，而施特劳斯则认为《福音书》是基督教的精髓，不是象征符号，而是表达人们深切渴望的神话。《福音书》是一个民族发展到一个特殊阶段由集体意识创造性地对一

---

① 马克思恩格斯文集（第2卷）.北京：人民出版社，2009：593.
② David McLellan（ed）Sean Sayer（ed）.Socialism and Morality, Macmillan, 1990, 1.
③ ［英］戴维·麦克莱伦著.马克思主义以前的马克思.李兴国，周小普，郝勤，译.北京：社会科学文献出版社，1992：229.
④ 马克思恩格斯文集（第2卷）.北京：人民出版社，2009：58.
⑤ 马克思恩格斯文集（第4卷）.北京：人民出版社，2009：313.

些事实进行描述的想象，这就表示神性的启示和化身不能仅限于一个人，唯一合适的地方是整个人类。施特劳斯著作的影响是直接而深远的。黑格尔门徒之间的意见分歧并不源自施特劳斯，而是因为它不仅受到路德派正统信徒的攻击，还遭到了黑格尔的弟子们的攻击。他们主张调和哲学和宗教，并捍卫黑格尔。布鲁诺·鲍威尔，一位年轻的柏林大学神学讲师，曾在《科学评论年鉴》上发表了一篇有关《耶稣传》的评述性文章，然后就转向了左派开始批判宗教。然后，政治问题成为最迫切解决的问题时，黑格尔的学生们在纯宗教问题上的意见也绝不是一样的。爱德华·甘斯被施特劳斯认为属于右翼，尽管这样，他还是德国圣西门思想的主要宣传者，而施特劳斯自己后来在1848年动乱的几年中则是一个彻头彻尾的保守派。

麦克莱伦认为，马克思早期著作中最显著的概念是"异化"，马克思早期著作借鉴了黑格尔最早提到的"异化"这个重要元素，当然，"那些宣称青年马克思与成年马克思之间存在裂缝的人，一般都认为异化是马克思早期思想的一个核心概念"①。可是后来被马克思摒弃，譬如悉德尼·胡克指出人类异化的概念在马克思的《资本论》之中体现了社会学价值，但是与人的本性内涵没有关联。丹尼尔·贝尔认为青年马克思的"异化"内涵有如下两方面，其一是指马克思主要依据经济学理论当中贫乏以及剥削这一狭窄的道路发展的内涵，其二是可能通向一个新的有关于人的本质问题，例如工作与劳动等。麦克莱伦指出异化概念始终贯穿于马克思的著作之中。正如，"资本主义生产方式使劳动条件和劳动产品具有的与工人相独立、相异化的形态、随着机器的发展而发展成为完全的对立。"②这不是对词汇"异化"的运用，而是对"异化"内涵的运用，《资本论》延续了马克思早期思想，揭示了消除剩余价值是依赖于劳动和价值平等关系之上，强调人作为一个创造了他自己和他生活环境的存在物的概念。根据马克思在《巴黎手稿》中的观点，同其他伙伴一起合作，不断发展自己，摆脱自然界的束缚充实其社会性和思想构成并发展生活其中的世界，

---

① ［英］戴维·麦克莱伦著.马克思主义以前的马克思.李兴国，周小普，郝勤，译.北京：社会科学文献出版社，1992：225.

② 马克思恩格斯文集（第5卷）.北京：人民出版社，2009：497.

这正是人的本质。

19世纪70年代，马克思的《资本论》继承了黑格尔思辨哲学中的辩证法，恩格斯也承认黑格尔的地位，他在论述费尔巴哈的书中写道，"哲学在黑格尔那里终结了：一方面，因为他在自己的体系中以最宏伟的形式概括了哲学的全部发展；另一方面，因为他（虽然是不自觉地）给我们指出了一条走出这个体系的迷宫而达到真正地切实地认识世界的道路。"① 如果在马克思的思想早期和后期存在着某种一致性的话，那么这种一致性是怎样构成的呢？哪些论题是其初期和发展时期始终贯彻的研究方法？一些学者将马克思理论科学化、系统化并使之成为一种普世价值体系，这种解读是错误的。马克思的核心思想不是宗教层面的，他早期作品论证了这一点。另外一些学者认为马克思的中心思想是有关伦理与道德的规范，他早期著作证明了他对道德价值的追求，并使他支持无产阶级的事业，随后黑格尔对马克思的影响逐步减弱。马克思早期研究深受黑格尔思想的影响，随着他的思想和观点的进步，关于黑格尔哲学的看法也在不断更新。列宁于1914年写的文章中借用一些观点来支持这一看法，并强烈地指出如果放弃研究黑格尔的逻辑学理论就无法彻底读懂《资本论》，尤其是其最初的章节部分。用来证明马克思深受"黑格尔主义"影响的最通常一些作品集中在他的《巴黎手稿》，当然也有一些学者认为马克思继承并发展黑格尔思想主要体现在《黑格尔法哲学批判》中，关于唯物主义、国家的消亡和共产主义的基本思想在此开始显露。

进入20世纪，西方的很多共产主义学院派的理论家热衷于研究马克思早期作品，如卢卡奇的《历史和阶级意识》和科尔施的《马克思主义与哲学》。科尔施深刻理解了马克思思想和现实相关联的重要实践意义，接受了实践的观点与黑格尔的一些学说思想。麦克莱伦认为正统马克思主义正在经历来自支持青年马克思思想的更开放、更富有批判性立场的批判。卢卡奇批判了自然辩证法的概念，详细阐述了物化思想，和马克思不约而同地阐释了"异化"这一概念的内涵，正如他所说："整整一系列经常使用的有决定意义的范畴都是直接来

---

① 马克思恩格斯全集（第21卷）.北京：人民出版社，1995：311.

自黑格尔的《逻辑学》。我们只需回忆一下像直接性和中介之间的差别这样一种对马克思说来如此基本的差别的黑格尔来源及其实际的方法论意义。"① 因此要讨论具体的和历史的辩证法问题，就不可能不去仔细研究这一方法的创立者——黑格尔，以及他同马克思的关系。马克思不要把黑格尔当作"死狗"的告诫，这一论述对许多优秀的马克思主义者来说仍然是一份死亡证书。第二国际的理论家认为历史唯物主义是社会发展客观规律的科学论述，这些规律正如自然科学家所阐述的自然规律一样。卢卡奇认同青年马克思观点，强调自然科学是由历史发展和社会整体组织部分所决定的，使无产阶级的阶级意识变为社会运动是这一学说的中心思想。麦克莱伦指出马克思《黑格尔法哲学批判》和《巴黎手稿》的相继发表，厘清了马克思同黑格尔著作的关系，引起了德国、法国和东欧的学者对青年马克思思想的深刻关注，由此产生的学术争论异常激烈。1930年，在德国是以政治作为核心研究对象，发展不充分的无产阶级专政制度即使有议会制这一显著缺点，也是唯一能够代替法西斯的制度，之后希特勒专制政权的讨论随之中断了十二年。1945年之后德国没有了共产党，党派之间的政治争论转向了学术讨论，马克思成为一个独特的学术性的引起争论的哲学家，成为西方学者博士论文中绕不开的学术论题。

　　亚里士多德认为要理解一件事必须研究它的起源。麦克莱伦强调研究马克思早期著作不仅仅因为它们自身的缘故，而是更有必要理解青年马克思作品之中所呈现的历史观。他认为在整个西方世界范畴以马克思主义的研究视域进行对资本主义社会所作的批判有两大核心要义，其一是"无产阶级贫困的积累和他们行将实现他们革命作用的必然性，已经显得过时了。"② 也就是说在资本主义社会中，工会开始创立并为工人阶级发声，改良主义的声援也不断涌现，社会的经济基础使工人阶级逐步纳入到社会秩序之中。其二是马克思早期著作中有一个最重要的问题——异化，这一问题的研究所取得的重要意义，远比他想象的要重大得多。在马克思的论述之中，我们清楚地认识到在商品经济社会中，

---

① ［匈］卢卡奇著.历史与阶级意识.杜章智，任立，燕宏远，译.北京：商务印书馆，2016：44.
② ［英］戴维·麦克莱伦著.马克思主义以前的马克思.李兴国，周小普，郝勤，译.北京：社会科学文献出版社，1992：221.

人的劳动产品已经成为与劳动的创造者之间所对立的存在，如此一来人类的社会关系问题就转化为了物质问题。马尔库塞、卢卡奇称之为"物化"并进一步阐释其内涵，随着资本主义进一步发展，高度发达的社会物质性和复杂性使马克思的声明比 19 世纪所预期的更具有典型和意义。麦克莱伦始终认为当代学者对异化概念的把握与运用模糊不清，对于卢卡奇所强调的在资本主义社会生活秩序之下生存的每一个个体来说，物化都是不可避免的，那么需要采取某种方式克服，也就是"不断地、一再地努力通过与具体表现出的全部发展的矛盾具体联系起来，通过认识到这些矛盾对于全部发展所具有的固有意义，从实践上打破存在的物化结构。"[①] 因此，不论是对于精神病专家还是工业心理学家，抑或是流浪者、知识分子和造反的学生来说，物化的明显的反响意味着他们已经按当代的一些偏见大大地延伸和改变了。后来麦克莱伦通过对早期马克思思想的研究，逐步把注意力转移到研究马克思的意识形态思想上来，为他的批判意识形态思想的产生提供了思想营养。

1.3 对马克思主义理论发展史的研究

由于西方马克思主义思想有了很大的发展，以及苏联经典理论学者思想不断地与时俱进与译本的广泛传播，这些为麦克莱伦批判意识形态思想的产生打下了坚实的理论基础并指明了研究的方向。作为深受良好家庭教育和高等教育的典型英国人，他的思想离不开深深滋养他的这一方文化精神沃土，更离不开整个欧洲的时代背景与生活环境为其所营造的精神乐园与思想根基。不论资本主义社会制度发挥多大优势能够推动人类历史进程，马克思思想所具有的强大生命力一直与时俱进，尽管整个世界发展过程之中有挫折与低谷时期，更需要

---

① ［匈］卢卡奇著.历史与阶级意识.杜章智，任立，燕宏远，译.北京：商务印书馆，2016：300.

发挥时代主导意识形态和多元思想交织的作用使马克思主义走向未来的光明前景，麦克莱伦正是以其独特的眼光与厚重的学术底蕴立于时代的前列，为不断推动马克思主义的世界影响力与共产主义的蓝图目标发挥作用。思想愈被当作重要的典范加以激励，就愈会发出强烈的光辉。

1.3.1 立足于经典马克思主义唯物史观的研究基础

麦克莱伦所做的研究深受多方面的影响，他最重要的理论贡献是马克思的原著的编纂以及翻译，这些工作为麦克莱伦的马克思主义的研究提供了重要的文献资料，构成了他的主要思想基础。麦克莱伦的学术贡献在于试图对马克思思想进行解释和翻译，以便人们有更多的材料可以查询与涉猎。他以历史哲学的视角撰写了马克思思想以及马克思主义理论的发展史供人们参阅与理解。在麦克莱伦看来，很多马克思主义理论家对马克思原著的解读过于简单而不充分，没有重视对马克思主义的广延度和深层次的发掘。因为大量马克思的早期著作以及《政治经济学批判大纲》等并未在19世纪时期公开发表，只是浅读马克思的《共产党宣言》或是《资本论》，这就无法从根本意义上真正理解马克思所论述的内容与其思想。例如古斯塔沃·古铁雷斯·梅里诺（Gustavo Gutiérrez Merino）使人类从神学中解放出来并且更新神学等，但并未触动神学根基。特别是奥地利马克思主义理论者麦克斯·阿德勒（Max Adler）或者卡尔·考茨基（Karl Kautsky）等，他们信奉一种马克思主义，这种马克思主义是被修正与异化的较粗略的马克思主义，它极其强调物质性，是一种非常具有唯物主义特征的马克思主义，它试图寻找某种稀缺的且具有还原主义色彩的道德，正如康德所追寻的一样。

19世纪中叶，马克思本人及他的早期的很多作品，起初，在社会主义的学术圈里并未引起广泛关注。他于1848年为共产主义者同盟撰写的《共产党宣言》也并未产生很大影响，直到在1867年出版并发表的《资本论》在业界才获得了一些赞誉。但是，他仅仅被认为是一名经济学家以科学视角揭示了资本主义制度不可避免崩溃的根本原因。此时，人们才开始对青年时期马克思思想产生了极大的研究兴趣与热情，对影响马克思思想的资产阶级哲学世界观体系的建构者黑格尔产生了研究兴趣。麦克莱伦反对断裂学说，认为一些社会民主党人和马克思主义理论者将青年马克思与老年马克思作了鲜明的强烈对比,断裂地机械式形而上学地看待马克思主义思想是错误的。1923年相继出版的两部著作分别是科尔施的《马克思主义哲学》以及卢卡奇的《历史与阶级意识》重点指出了黑格尔对马克思思想的影响。科尔施主要对马克思有关理论与实践相结合的观点做了细致地研究,卢卡奇则是对恩格斯的自然辩证法理论进行评判并且进一步提出了关于物化的一些观点,以青年时期马克思较为开放和批判的视角,对传统意义上的苏联马克思主义进行了批判与阐释。

  麦克莱伦指出,如果没有足够充分的论据就无法彻底地完成一部著作,这是马克思工作的一个主要特征。因为马克思极其专注于搜集证据,而且需要进一步积累更多的数据与材料作为论证依据,这就是他的《资本论》一直未能尽快完成写作的主要原因,马克思在余生最后十年里,开始专注于思考有关俄国文献并且开始学习俄语,参阅并摘录了大量的笔记,尽管他写了很多信给俄国马克思主义理论家但尚未发表出版。此外,马克思晚年对自然环境关注的一些文章对麦克莱伦有很大启示,但是由于种种原因马克思未能将其所有的著作进行整理,特别是在德国依然有很多工作要做,恩格斯接替其工作将他的《资本论》的第二卷和第三卷合并起来,出版了《资本论》的最终版本。恩格斯重新编纂了马克思的很多文章及著作,充当了演绎奏曲的第二小提琴手。19世纪40年代末期到50年代这一期间,尽管恩格斯出色地完成了他的工作,第一国际还是在不久之后宣告瓦解。麦克莱伦指出,马克思在解释世界方面比改变世界要好得多,这不仅是他还有他的追随者的重要贡献,从这个角度看,当提出"政治行动指南"的时候,这确实是应该做的但是的确很难实现。这也就是麦克莱伦强调他并不是马克思主义者的原因,他找不到任何一个马克思主义政党的计划就像能成为一个基督徒或穆斯林一样,在这个意义上他认为"马克思在任何方面都不能成为政治活动的灵魂"[①]。马克思思想随着时间推移而发生着不同变化,在他早期三分之二的著作中他总是低估资本主义在危机中生存和继续下

---

① Larry Ray and Iain Wilkinson.Interview with David McLellan July 2018.Journal of Classical Sociology No. 19,2019:95.

去的能力，特别是在他的《政治经济学批判大纲》强调指出资本主义行将崩溃迫在眉睫。然而在《资本论》中指出资本主义制度会一直存在下去直到它耗尽了它提取剩余价值的所有能力才会结束的，这意味着这个时间段会是很久的。

麦克莱伦重点阐释了马克思主义关于唯物史观内涵以及影响世界的科学方法论。我们知道，历史进步的根本原因在于社会经济结构的变革。在这种社会经济结构和现实的基础上形成的文化、法律等的上层建筑，反映了各种不同的社会意识。这种单一的决定性因素会被狭义地解释为以某种生产的工具实物作为划分标准，正如"手推磨产生的是封建主为首的社会，蒸汽磨产生的是工业资本家为首的社会"①，这些都是狭隘地会被解读为通过某种技术来划分人类的社会发展阶段，错误地陷入技术决定论。当马克思的后继者想要获取万能钥匙时，他们将马克思主义直接照搬到俄国。马克思并不主张将其思想广泛地推广至一种崭新的评判方式，"极为相似的事情，但在不同的历史环境中出现就引起了完全不同的结果。如果把这些发展过程中的每一个都分别加以研究，然后再把它们加以比较，我们就会很容易地找到理解这种现象的钥匙；但是，使用一般历史哲学理论这一把万能钥匙，那是永远达不到这种目的的，这种历史哲学理论的最大长处就在于它是超历史的。"②恩格斯回答记者对其提问什么是历史唯物主义时，他指出理解马克思的有效途径是去阅读《路易·波拿巴的雾月十八日》并体会马克思真正运用的历史分析方法，马克思从未提出任何固定思维方法与超魔力的万能公式，不能寄希望于马克思所开出"未来烹饪店"的食谱，当然马克思所研究问题的分析方法和研究路径才是不可逾越的。

综合各方因素考虑，麦克莱伦认为"马克思一直是一个具有全球视野的思想家"③，正如他所谈到"美洲的发现、绕过非洲的航行，给新兴的资产阶级开辟了新天地。东印度和中国的市场、美洲的殖民化"④。马克思预测全球化

---

① 马克思恩格斯文集（第1卷）.北京：人民出版社，2009：602.
② 马克思恩格斯全集（第19卷）.北京：人民出版社，1963：131.
③ 禚明亮.马克思主义的理论与现实.——戴维·麦克莱伦与辛向阳的学术对话.河南社会科学，2014（1）.
④ 马克思恩格斯文集（第2卷）.北京：人民出版社，2009：32.

带来了世界翻天覆地的剧变，"资产阶级，由于开拓了世界市场，使一切国家的生产和消费都成为世界性的了。"① 整个世界被全球化所席卷，资本主义世界的特征显著体现为掀起了新一轮的新自由主义的风波，资本主义更具破坏化的原始掠夺性显露无遗，罗斯福温柔新政过后以及二战之后的英国等国的高福利国家政策，也无法遮盖资本主义的内在本质，"社会突然发现自己回到了一时的野蛮状态，仿佛是一次饥荒、一场普遍的毁灭性战争，使社会失去了全部生活资料，仿佛是工业和商业全被毁灭了。"② 在这一进程之中，资产阶级与无产阶级的真正较量拉开序幕，马克思并未明确其行动纲领，不置可否地揭示了当前阶段问题的根源在于社会经济结构，而经济因素是根本原因，社会之中很大一部分群体的相对经济匮乏以及资本主义不断地生产和再生产所导致的社会失衡与动乱，讨论经济因素作为问题的核心因素对于认识国家机制和机制运行的合法性是具有重要意义的。正如伊格尔顿在《马克思为什么是对的？》中通过很多的实例进行论证反驳西方对马克思的误解与批判，阐释了在马克思主义理论的指导下市场经济之所以能够运行的合法性机制，为马克思主义与可持续性的发展寻求契合之处，并进一步指导经济建设工作。正是在对经典马克思主义做出整体研究工作的基础上，引发麦克莱伦正确理解马克思主义的经济基础和上层建筑的关系，批判的意识形态思想也逐步形成。

1.3.2 西方马克思主义批判意识形态思想的拓展研究

自19世纪中期到20世纪以来，西方学者翻译并陆续出版了一些马克思的相关著作。进入20世纪之后，马克思的主要著作在西方开始广泛地被学者们研究，人们对马克思进行了重新评价，做这些工作的主要是法国、德国以及东欧的一些学者。欧洲大陆的科学主义与实证主义的普遍流行使西方马克思主义理论家对这些思想进行解构与消化并运用在自己的理论建构之中。在列宁、卢卡奇等人著作中也可以看到黑格尔理论的影响，英国等西欧学者开始探究与分析黑格尔理论

---

① 马克思恩格斯文集（第2卷）.北京：人民出版社，2009：35.
② 马克思恩格斯文集（第2卷）.北京：人民出版社，2009：37.

并且将其与马克思思想相联系。麦克莱伦吸收了不同时期学者们的学术理念,研究分析了大量的相关资料。苏联共产党和英国共产党也编译出版了马克思恩格斯的一些著作,这些著作没有在英国被广泛传播是因为受很多问题的影响,比如语言障碍,统治阶级对思想的控制,社会的动荡不安,阶级差异等。1962年,麦克莱伦在巴黎任教时偶然接触了马克思思想,研读了《德意志意识形态》等一些马克思的著作,随后他前往牛津大学读博士学位,选择了马克思思想作为其研究对象,并且在法兰克福研究所访学期间受到很多优秀学者的帮助,使他认识到阿尔都塞运用结构主义研究马克思主义理论路径是片面的。

20世纪50年代中期,赫鲁晓夫在苏共"二十大"的秘密报告震动了全球,苏联社会主义国家和斯大林主义的强权地位轰然倒塌,在人们心中的苏联社会主义神话不复存在。自此西方马克思主义的多元哲学理念为英国马克思主义的独立研究起到了潜移默化的影响,斯大林主义走下神坛成为众矢之的,很多学者也陷入了思想混乱的窘境。英国学者逐渐开始反思马克思主义,并对斯大林主义进行全面的批评,进而吸收西方欧洲大陆的理论养分。1957年葛兰西的著作首次译为英语,随后60年代以来英国学者对其理论推崇备至,经由安德森、奈恩等学者吸收并介绍到了英国。正如霍尔所指出,西方众多思想交织为"一系列令人困惑的理论剧变,表现为对一个接一个的大陆理论家的同化和熟悉"。① 葛兰西和阿尔都塞的影响力最为显著,英国伯明翰当代文化研究中心的一些学者们深受葛兰西文化霸权的思想范式影响并且建构起理论框架,还有很多人选择阿尔都塞的结构主义理论范式等。麦克莱伦的学术研究起初深受葛兰西的学术影响,在对阿尔都塞的著作解读与分析过程之中也转向批判。他对葛兰西赞赏有加,"除了俄国革命者,葛兰西是近50年来最具有独创性的马克思主义思想家。"② 麦克莱伦认为葛兰西并不仅仅是思想家而且是能够将思想与现实相结合的具有政治信仰的理论家。西方学者在与马克思主义理论家的论战与反

---

① [美]丹尼斯·德沃金著.文化马克思主义在战后英国——历史学、新左派和文化研究的起源.李凤丹,译.北京:人民出版社,2008:193.

② [英]戴维·麦克莱伦著.马克思以后的马克思主义(第3版).李智,译.北京:中国人民大学出版社,2016:211.

思中，结合多样化的社会思潮不断地创新马克思主义理论。资本主义社会的缺陷和苏联社会主义的挫折，使得西方学者更加关注对马克思主义方法的研究。麦克莱伦非常重视西方学者对马克思思想的研究，尤其关注他们的阶级意识理论、人的能动性理论和辩证方法论的研究，这些对他的批判意识形态思想的产生，起到了积极的作用。

1.3.3 英国马克思主义意识形态思想研究

麦克莱伦作为著名的英国马克思主义以及新左派的代表研究学者，其思想深深扎根于英国典型的经验哲学传统与深厚文化底蕴之中，并在这一主要载体之中酝酿、萌发。如同大多数英国新马克思主义者一样，麦克莱伦认为马克思晚年一直在英国居住生活超过了三十多年，但其思想的影响并未波及整个英国的理论界，究其原因是大多数的英国理论家无法大量阅读德语和法语等马克思的相关著作。马克思的作品，仅仅在德语和法语界有一定的传播力。马克思和恩格斯的著作只有如下几部英译本，分别是《资本论》（第一卷）（1887年），《共产党宣言》（1888年），《关于自由贸易的演说》（1889年），《社会主义从空想到科学的发展》（1892年）。① 这就极大地限制了英国马克思主义的发展。此外，英国马克思主义的很多学派都具有很强的经验主义色彩，诸如文化学派、历史学派等，正如汤姆·奈恩（Tom Nairn）所说："英国的孤立性和排外主义；英国的向后性和传统主义；英国的宗教性和道德气氛；微不足道的'经验主义'或本能的对理性的不信任。"② 这些都具有英国典型的经验主义特征，也极大地影响了英国马克思主义的发展。

麦克莱伦认真考察了英国马克思主义的发展过程，他认为1869年在英国成立的"土地和劳动同盟"是最早的英国马克思主义组织，1881年民主联盟成立，1884年更名为社会民主联盟，英国宪章派运动开始复兴，此后英国为了复活十九世纪初的宪章派思想掀起了一场群众自发组织的文艺运动，涌现了很多工

---

① ［苏］列·阿·列文著.马克思恩格斯著作的发表和出版.周维，译.北京：生活·读书·新知三联书店，1976：109-113.

② Antony Easthope.British Post-structuralism since 1968.Routledge，1988（1）.

人阶级的文艺创作者,这是欧洲最早的工人阶级文化思想,具有鲜明的激进特征,富有广泛政治群众运动和国际主义斗争精神。社会民主联盟的领导者H.M.海因德曼在阅读马克思的著作之后,尤其是《资本论》对他的意义深重,故此不断宣扬并支持马克思主义理论,主要体现在其《全民享有的英国》(England for All)一书中,自第一次世界大战以来,社会民主联盟的积极分子一直未超过1000人。1893年詹姆斯·凯尔·哈迪(James Keir Hardie)是忠诚的社会主义拥护者并且创建了英国独立工党成为了该组织的第一位领袖,随后该党并入工党成为左翼坚强实力派,该党并不主张革命和阶级对抗的思想,他们通过一种道德维度来解读社会主义思想。在英国职工大会不断发展和动员之下,1900年在供稿人代表委员会中产生了新的工党,其组织建构成员与第二国际的工人政党有巨大反差性言论,是资产阶级的政党且主张"坚决反马克思主义的"①。但是也为工人阶级争取一定的利益和权利,在议会中以劳工代表权作为目标与口号。1911年英国的社会主义党由社会民主联盟、独立工党以及一些工会组织等成员正式建立并开始发挥作用,大力地推动了马克思主义的影响力。1920年以无产阶级为主要成员成立了英国共产党,英国共产党在苏联共产党的支持之下,在政治理论方面的多重影响之下以英国工党的全新形象出现,开始深受苏联马克思主义的影响并接受了马克思的历史唯物主义理论方法。

  麦克莱伦认为,20世纪30年代到40年代,马克思主义在英国开始广泛传播,在这一时期,很多思想理论家把科学理性主义与自由主义相结合。在苏联共产党与第二国际的支持下,主张社会的发展进程受规律的制约,具有历史必然性的特征,他们认识到资本主义制度的内在缺陷使其必将走向衰败,也必将被社会主义所代替。左派运动使大量知识分子涌入,1946年英国共产党当中有很多历史学派专家研究马克思思想并在伦敦集结,新马克思主义历史学术风貌蔚然成风,许多学者以其历史研究方法而闻名于世,成为英国马克思主义学术骨干,比如汤普森、汤姆森、希尔顿、哈里森、萨缪尔、霍布斯鲍姆等,在英国历史

---

  ① [英]戴维·麦克莱伦著.马克思以后的马克思主义(第3版).李智,译.北京:中国人民大学出版社,2008:336.

长河中呈现出一种典型马克思主义史学特征。乔瑞金对此描述为"英国马克思主义经历了三个发展阶段,即早期的科学理性主义、中期的历史主义和20世纪下半叶的新马克思主义。"① 因此,英国新马克思主义作家们,主要特指20世纪中期以后具有典型的文化精神素养以及历史学术风貌,以前所未有的勇气和智慧不断进取开拓,力图在资本主义社会维度之下为社会主义的蓝图目标而进行锐意斗争的思想巨匠们。

麦克莱伦认为,20世纪50年代伊始伴随着二战结束,英国左派学者以马克思思想作为研究基础,结合英国本土经验哲学思想的历史根基并深受欧洲大陆理性主义与结构主义等研究方式的影响,致力于探索与发展英国无产阶级政治运动以及社会主义革命。1956年英国马克思主义学者创办了《新左派评论》,标志着历史的重要转折点。具有典型历史学派特征的学者汤普森、威廉斯等对传统马克思主义进行深刻的反思,摒弃苏联教条式马克思主义并且对其进行全方位的批判,对英国和马克思主义的历史发展深入研究,运用马克思历史唯物主义的方法论发表了一系列优秀的研究成果。张亮评价英国马克思主义学者是"秉承英国的经验论哲学传统,注重运用唯物史观研究具体的历史问题与现实问题,拒绝抽象的理论建构,从而使英国的马克思主义者对体系化的苏联马克思主义的教条主义产生了免疫力。"② 他们在进行文化研究历程之中分析了英国平民阶层普通群众的日常生活,主张自由主义的发展要具有历史特征与文化特质。

在麦克莱伦看来,20世纪70—80年代,英国共产党致力于推动无产阶级运动,其成员和知识分子对工人阶级的生活开展分析与研究,在通往社会主义道路上选择"第三条道路"而并未寻求政治革命斗争。新左派的第二代主要代表学者佩里·安德森等主张摒弃具有英国传统经验哲学特征的文化马克思主义方法,他们深受欧洲大陆法国的结构主义和理性主义等研究方法的影响,文化马克思主义与结构马克思主义针锋相对的这一辩论式的批判推动了马克思主义

---

① 乔瑞金.英国新马克思主义的思想特征.理论探索,2006.(04).
② 张亮.英国马克思主义理论传统的兴起.国外理论动态,2006.(07).

理论的传播与影响。20世纪60年代末期，在马克思主义蓬勃发展的社会背景之下，现代西方的新社会运动开始逐渐替代了以实现共产主义为远大蓝图左派文化运动，譬如1968年发生在法国巴黎的五月革命，以及2003年全球规模反对伊拉克战争的反战游行等，这些新社会运动的主要参与成员不再是马克思所声称的无产阶级为代表的群体，而是以资产阶级之中的知识中产阶层和青年学生为主要载体。80年代葛兰西的分析方法更是掀起了思想风暴，将马克思主义进一步本地化。英国共产党在苏联和东欧剧变之后开始退出历史舞台，取而代之的是1988年新的英国共产党，它继承了优秀的批判精神，建构了全国代表大会并且坚持民主集中制的选举方式，在英国工党之中发挥着重要的作用。

麦克莱伦作为英国著名的马克思研究学者以及新马克思主义理论的代表学者，也是英国工党中左派的一名成员，终生致力于共产主义事业的探索与研究。英国的这些学术群体正是以共产主义的蓝图当成政治信仰，运用文化与历史研究方法对资本主义社会进行社会批判，掀起了一场反省工业社会的西方社会思潮；建构在科学的历史唯物主义的方法论基础之上，与西方其他研究问题的方法如人道主义、结构主义、理性主义相结合，并且具有典型的英国经验哲学特质。英国马克思主义学者通过理论层面和实践层面对英国等发达资本主义制度展开立体与多方位的批判，以实现更美好的社会愿景，秉承马克思主义的批判精神突破苏联的教条主义模式，深入前沿时代性的社会问题并且对其进行诊断与分析，应对世界资本主义国家意识形态等领域的挑战。正是在梳理英国马克思主义产生和发展的历史过程中，麦克莱伦看到了英国马克思主义文化研究和历史研究所蕴含的意识形态的根本特征，为他的批判意识形态思想注入了英国特色。

小结

综上所述，麦克莱伦的批判意识形态思想有三个主要的理论渊源：首先，麦克莱伦在所处的时代背景之下，形成了个人研究旨趣，并且得到了法兰克福

第一章 麦克莱伦批判意识形态思想的理论渊源与形成

研究所、苏联留学等进一步发展的平台；其次，麦克莱伦追溯了马克思思想来源，发掘了黑格尔以及青年黑格尔学派主要的思想内核；最后，深受马克思主义理论的影响，特别是获得传统经典的马克思主义、西方理性主义和英国经验主义哲学的理论资源，这些都不可或缺地为麦克莱伦批判意识形态思想奠定了理论基石。

麦克莱伦所处的时代背景对其批判意识形态思想的形成起到了重要作用。在20世纪60年代期间，正值麦克莱伦深埋在对马克思思想着迷的个人旨趣中，此时正是欧洲大陆的存在主义以及人道主义风靡盛行。60年代的西欧和北美等学者更是将对资本主义社会批判与对富足的物质主义的批判强烈地相结合起来。在1968年消费主义和经济危机的风暴中达到登峰造极的地步，文化与思想界的抗争与蜕变是那个时代独有的鲜明特征，深深影响了麦克莱伦批判意识形态思想的缘起。

关于黑格尔思想对马克思早期著作影响的研究，麦克莱伦起初作为一个对宗教与意识形态等思想感兴趣的天主教徒，随后在社会现实之中思考与践行马克思主义理论，自然而然地会对青年黑格尔派的思想整体及主要代表成员鲍威尔、费尔巴哈、施蒂纳等人的学术思想演进产生极大兴趣，他特别关注了这些思想对马克思早期思想的影响。因此，麦克莱伦批判意识形态思想得以产生和发展。

关于马克思主义理论，麦克莱伦吸收了传统马克思主义哲学，重点关注了《1844经济哲学手稿》和《1857—1858经济哲学手稿》等著作。他认为唯物史观是马克思最重要的历史遗产。他运用了马克思所提供的一整套科学地认识世界和改造世界的方法论，如处理生产力与生产关系、经济基础与上层建筑之间的关系等理论，对不同的国家地区与社会制度展开研究与探索，循着科学与理性主义的认识路径，对历史作出了客观而有事实依据的理性判断。麦克莱伦作为英国学者自然深受英国经验哲学的影响，以及秉承着英国新马克思主义左派思潮和英国工党活动等的深刻主旨理念。他在对英国经验哲学继承与反思过程中，不断地弥补其缺失，引入马克思科学革命中政治经济学理论，以及吸收西方欧洲大陆的科学主义和理性主义等方法论，建构起自己独特的批判意识形态思想的思考逻辑。

麦克莱伦坚定地认为，马克思主义理论与无产阶级政治运动相结合一定未来可期，会在真正意义上实现一种民主而自由的社会主义社会，满足每个人对人道主义追求与信仰。马克思主义所具有强大生命力的根基是源于人类对平等自由的理想型社会的期盼，正如麦克莱伦所说："资本主义社会，更概括地来说，市场经济，从人们的生活意义上来看，它不能够使人们在精神上得到满足，从人们的价值观上来看，它不能带来良好的道德风尚。"[①] 历史经验向每一个人诉说，对人人未来平等自由而发展的理想社会充满了向往与奋斗追求。

---

① 魏小萍. 马克思主义的生命力何在？——英国马克思主义学者大卫·麦克莱伦(David.Mclellan)访谈录. 马克思主义研究, 2000(06).

第二章　马克思主义批判意识形态思想的历史透视与整体阐释

　　麦克莱伦指出，马克思留给后人一套似乎是完整的体系，但是由于马克思有未发表的笔记和手稿、马克思主义理论被教条化以及现实世界的飞速发展，马克思主义批判意识形态思想呈现出了兼具历史局限性和整体差异性的特征。麦克莱伦运用基础逻辑和系统的思维方法，论述了传统马克思主义的批判意识形态思想，分析了批判意识形态思想的两条路径：一条推崇人的理性，强调科学方法的认知，另一条是非客观性的科学研究方法，侧重将其与社会特定的利益相联系。麦克莱伦始终运用马克思主义唯物史观的研究方法，拓展社会主义批判意识形态思想的内涵，反思并形成批判意识形态思想的目的与旨向。通过分析欧美不同国别与流派的马克思主义的批判意识形态思想，深化了德国历史主义批判意识形态的思想传统与价值旨归。在此基础之上，麦克莱伦对批判意识形态思想进行了整体阐释。

　　麦克莱伦把经典马克思主义的意识形态理论看作是一种批判的意识形态理论，认为它包括马克思的意识形态理论与马克思主义的意识形态理论、批判性与建设性、非德国传统与德国传统等不同侧面。从马克思意识形态理论的生成路径出发，梳理了马克思意识形态理论的德国传统这一线索，借以进一步把握马克思意识形态理论的历史借鉴意义和时代指导意义。

2.1 经典马克思主义的批判意识形态思想

麦克莱伦以历史视角，就马克思一生的学术研究进行了严谨的调研与分析，通过认真地查阅与解读文献，对影响马克思著作的时间、空间地点进行系统研究，呈现出血肉丰富的真实客观的马克思。笔者通过对这部分的研究力图反映麦克莱伦所研究的立体时空别样的马克思一生，体现出其批判意识形态研究的整体性与历史性的鲜明特征。2018年是马克思第二个百年华诞，全世界瞩目这位解开人类历史发展之谜的思想巨匠。麦克莱伦是西方重要的马克思思想研究的集大成者，他不仅完成了非常繁杂的马克思的英文版著作的编译工作，更实现了很多学者未完成的工作。他探索了形成马克思早期思想与青年黑格尔派运动关系等的重要思想，厘正了很多重要理论，分析了多样化的马克思经典哲学思想脉理。他在1977年为西方学界编译的《马克思选集》，成为世界重要的思想参考文献。

2.1.1 批判意识形态思想的路径分析

麦克莱伦认为，意识形态的概念形成的直接思想来源是法国唯物主义和德国的意识哲学，研究其形成的历史背景和理论基础是理解批判意识形态思想路径分析的重要方法。麦克莱伦认为，马克思整体意识形态发展阶段以及阶段特点主要表现为：首先是1844年以前马克思致力于哲学争论，在批判黑格尔和费尔巴哈的意识形态理论过程中发展了自己的意识形态思想，正如麦克莱伦所说，"在马克思最早的著作中，政治占据了中心位置。"[①] 马克思在一系列文章中批判了普鲁士国家，即"激进的黑格尔主义与伏尔泰的病态理性主义结合在一起，其批判的基础在于在一个被认为是理性化身的黑格尔模式的国家里，

---

① David McLellan(ed).Marx: the First Hundred Years.Frances Pinter，1983：143.

有可能形成一个真正自由的公民联合体。"① 其次是 1845 年至 1857 年，马克思主要致力于构建历史唯物主义，以《德意志意识形态》的《费尔巴哈》这一章节为显著标志。最后是从 1858 年直到马克思成熟时期的著作，主要是分析资本主义生产关系等问题。马克思批判资本主义社会制度的过程中将意识形态赋予了贬义内涵，其一，将意识形态建构在唯物史观的对立面即唯心主义世界观论域之中，强调正确世界观在某种意义上必定是唯物主义的。其二，是将意识形态与社会中资源和权力分配不公等相联系，强调运用意识形态批判理论分析社会政治经济关系的冲突和问题。因此意识形态在马克思看来并未做系统论述，但主要轮廓是清晰的。

近两个世纪社会变迁发展，在麦克莱伦看来，辨明意识形态的主要路径是以下两条。第一是特拉西创立意识形态概念，具有典型的科学理性特质，"通过运用与自然科学中所确立的方法并非截然不同的社会科学方法，认识这现实。"② 另外一条认识路径开启于德国，马克思在继承黑格尔等经验哲学的基础之上，意识形态不断演进，历经曼海姆以及哈贝马斯等理论学者的思维发散，他们强调对事实的创造，"不相信存在任何'客观的'方法来决定什么是真实的人，倾向于采用一种融贯的真理理论。"③ 麦克莱伦指出，在两条路径之间有无限多立场，在马克思主义传统认识过程中，运用两种路经之中交叉结合与区分的方式来更好地分析意识形态演进。在麦克莱伦梳理考察马克思主义意识形态理论相关著作的过程中，他指出意识形态像今天这样广为流传是离不开马克思著作的巨大影响力。特拉西创立意识形态之初，它是有益观念科学观点，马克思批判和论证它的不同视角对研究马克思主义传统意识形态有重要意义。

马克思在早期的哲学批判中，经历了起初深受费尔巴哈人本主义影响，然后逐步从其影响中脱身的过程。马克思运用意识形态的否定性内涵展开对黑格尔的国家观和宗教观进行批判。在这两种批判中，马克思力图证明的一个关键

---

① David McLellan(ed). Marx: the First Hundred Years. Frances Pinter, 1983: 143.
② [英]大卫·麦克里兰著. 意识形态（第二版）. 孔兆政, 蒋龙翔, 译. 长春: 吉林人民出版社, 2005: 12.
③ 同上。

问题是拨开黑格尔哲学的意识形态迷雾，揭开掩盖事物的意实属性。马克思颠倒了黑格尔对于抽象观念和实践活动的认知，他阐明了国家与绝对观念的颠倒、政治国家与市民社会的颠倒。马克思在此已经认识到意识形态并不是逻辑和认知意义上的纯粹虚假概念，而是颠倒了现实与认知之间的先后关系。在宗教当中的人和上帝之间的关系是颠倒的。马克思比费尔巴哈走得更远的地方在于，他主张宗教是对有缺陷的现时代的补偿，反对宗教的斗争就是反对现实世界的斗争，他希望再造一个超越现实世界的理想方案以解决现实的矛盾，并把这一任务交给了无产阶级。

麦克莱伦认为，马克思在批判费尔巴哈人本主义论述中体现了更多的意识形态思想范畴，在他的更成熟著作中也谈到了意识形态，二者之间有关键性的转折变化。首先，标志着马克思思想逐步走向成熟，其中对资本主义社会特定分析的某些陈述过于简单。"如果在全部意识形态中，人们和他们的关系就像在照相机中一样是倒现着的，那么这种现象也是从人们生活的历史过程产生的，正如物象在眼网膜上的倒影是直接从人们生活的物理过程中产生的一样。"① 这个论断将意识形态理解为是一种附带现象的幻觉，社会当中的每一个观念是真实"事物"的歪曲反映。马克思用照相机比喻，将观念与存在的前后关系颠倒过来。其次，麦克莱伦以为在市场环境下个人劳动与物品实现等价交换掩盖了社会的实质问题，这种平等交换的意识形态是自然而不可更改的。马克思指出："在竞争一切都颠倒地表现出来。在表面上呈现出来的经济关系的完成形态，在这种关系的现实存在中，从而在这种关系的承担者和代理人试图借以说明这种关系的观念中，是和这种关系的内在的、本质的、但是隐蔽着的核心形态以及与之相适应的概念大不相同的，并且事实上是颠倒的和相反的。"② 在麦克莱伦看来，马克思将意识形态看作是上层建筑思想中使宗派关系永恒化的部分。麦克莱伦对马克思主义传统的意识形态研究做出了精妙的分析。

---

① 马克思恩格斯全集（第3卷）.北京：人民出版社，1995.29.
② 马克思恩格斯文集（第7卷）.北京：人民出版社，2009.231.

19世纪末20世纪初,马克思主义思想被系统化,受到了各种思潮的修正,既有反击也有捍卫与发展,马克思意识形态概念的演进过程中增添了更多的政治因素。麦克莱伦就意识形态的研究的这两种认识路径展开了重点分析:一种是将意识形态与科学相对立,即科学与意识形态相对立的两分法,将特拉西的理性主义清除社会中非理性偏见,使意识形态像自然科学一样将自然界剥去神秘面纱使社会非神秘化。另一种是历史主义传统,与德国传统相结合,即意识形态与思想关系问题相结合进而引发一些超现实的观点。例如黑格尔的绝对精神,哈贝马斯的理想言语情境等。麦克莱伦重点分析了马克思主义传统理论家对意识形态的研究,他对这两种认识路径的把握是兼容并蓄,马克思最有成果的贡献仍更倾向德国传统。麦克莱伦认为意识形态研究需要将两种方法结合起来,正如科学与意识形态两分法与庸俗马克思主义都试图将意识形态与统治相结合。麦克莱伦指出这两种方法分别是曼海姆的解释学方法与马克思主义传统中的意识形态对控制和统治的分析方法。曼海姆的解释学方法是在对意识形态批判之前,认识并采取一种自我反省的方法。意识形态与控制统治相结合的分析,能保持批判潜能将意识形态从解释学循环相关的相对主义困惑中解放出来。麦克莱伦强调意识形态具有批判性,但仍需要研究并改进它。在原则上,意识形态会有终结,但在将来也许也无法看到。

2.1.2 唯物史观的批判意识形态思想

麦克莱伦充分肯定了马克思《德意志意识形态》对于马克思主义的意义,他指出《德意志意识形态》是《关于费尔巴哈的提纲》的丰富与演进。马克思进一步坚持了他早期批判的思想,即意识与存在,思想与现实的颠倒的必然性。马克思的观点与唯心主义相反,他认为意识并非独立于物质条件之外,同时也与形而上学的唯物主义相反,他认为意识形态并非外部现实的被动反映物。实践的观点对于理解马克思意识形态概念具有重要作用,在马克思看来实践既指物质生产的劳动,也指改造社会关系的革命实践。

麦克莱伦从三个方面分析了马克思关于观念起源和功能的思想,其一是"意识形态必须从物质实践来解释。但并非所有的思想都是意识形态的,而且马克思并不想仅仅制造一个特拉西观念科学的更有活力的版本。"①马克思区分一般观念和意识形态的标准是表述的恰当性，那些不适当地表述实践的观念是意识形态。其二是"统治阶级的思想在每一时代都是占统治地位的思想，因为那些控制了经济的生产和分配的人也控制着思想的生产和分配。"②虽然马克思愿意承认无产阶级在革命事业中可能需要农民、小资产阶级的同盟，"但他对无产阶级作为革命变革的推动者的信心从未动摇过"③，马克思不必面对困扰他许多晚年的问题。麦克莱伦指出统治阶级生产的思想并非都是意识形态，为统治阶级服务的思想也并非都是意识形态，但意识形态肯定是为统治阶级服务的。其三是"生产关系中固有的剥削和不平等被流通领域中自由交换的外表掩盖，只关注这一点，导致自由、平等一类典型的资本主义意识形态产生。"④在这一时期马克思坚持了他早年的哲学批判方式，并提出从实践出发来解释观念和意识形态，但是还没有对资本主义社会做详尽的具体分析。

麦克莱伦认为，影响马克思的唯物主义历史观主要因素有三个方面，即德国的唯心主义哲学、法国空想社会主义理论和英国古典政治学经济学。在德国哲学中，康德提出了向自由与和平社会发展的提议，费希特认为将人类历史是合理的发展当作前提进行考量，黑格尔在对唯心主义的论述过程中建构了最系统和最完整的研究方式。他指出，历史是将几种抽象"原理"诸如文化、宗教和哲学置于其发展与冲突之中，在这一过程之中，"否定的能量"特指在现存的阶段与不断变化的人与物之间所存在着的紧张关系，即所有事物的状态都包括其自身的破坏和上层阶段已转化的种子，每个过程都是超越已经通过的阶段的一种进步，并且包含变量的因素，黑格尔将这一过程称为辩证法。马克思接受了这一概念并发展和颠倒了其观点的头和脚，他将其抽象原理倒置，并指出

---

① ［英］大卫·麦克里兰著.意识形态（第二版）.孔兆政，蒋龙翔，译.长春：吉林人民出版社，2005：16.

② ［英］大卫·麦克里兰著.意识形态（第二版）.孔兆政，蒋龙翔，译.长春：吉林人民出版社，2005：18.

③ David McLellan(ed).Marx:the First Hundred Years，Frances Pinter，1983，150.

④ ［英］大卫·麦克里兰著.意识形态（第二版）.孔兆政，蒋龙翔，译.长春：吉林人民出版社，2005：21-22.

社会变革的经济基础和其产生的社会阶级才是理解人类历史进程的关键因素。

马克思主要在英国全面使用了研究资本主义现成的资料。亚当·斯密对自由放任的资本主义运转做过解释，以及李嘉图创立的劳动价值论，使马克思能够证实社会中一个阶级受另一个阶级的剥削实质。他运用"唯物史观"或者生产劳动实践理论，将此看作是研究问题的方法论，不是一种所谓概念性质的科学体系。唯物主义的核心本质是必须以人们共同生活的方式作为社会变革的关键，这种基本生活方式是用以进行组织和解读某种行为的。在《共产党宣言》中，马克思通常使用"意识形态"的术语，这些观念是以一种简明的形式提出的："从宗教的、哲学的和一切意识形态的观点对共产主义提出的种种责难，都不值得详细讨论了。人们的观念、观点和概念，一句话，人们的意识，随着人们的生活条件、人们的社会关系、人们的社会存在的改变而改变，这难道需要经过深思才能了解吗？思想的历史除了证明精神生产随着物质生产的改造而改造，还证明了什么呢？任何一个时代的统治思想始终都不过是统治阶级的思想。"①在《德意志意识形态》的开头部分，这一理论以尽量长的篇幅进行描述，而对它的最佳概括是在《政治经济学批判》的"序言"之中。因此，历史唯物主义的物质生产实践与机械唯物主义的物质观是截然不同的。马克思强烈地批判18世纪的法国唯物主义者，认为他们在其关于物质条件的影响论述中，没有说明人的因素。

在麦克莱伦看来，马克思思想发展成熟的标志是完成了《政治经济学批判大纲（1857—1858年草稿）》和《资本论》这两部巨著。在这一时期马克思受黑格尔《逻辑学》的影响，将"现实"做了几个层面的区分：一方面是作为表象或现象的形式层面的现实，另一方面是作为真正关系和本质层面的现实。在此基础上，他分析了资本主义的经济关系，特别分析了作为表象现实的交换领域和作为本质现实的生产领域。他揭示了意识形态掩盖了矛盾关系的本质："马克思的唯物主义历史观和其中的意识形态概念，被当做一种批判工具，用于揭

---

① 马克思恩格斯文集（第2卷）.北京：人民出版社，2009：50-51.

穿其他人的虚假概念。"①马克思的意识形态思想主要涵盖有这些基本观点：其一是将意识形态用来表述经济关系中的活动参与者的行为，即马克思不再过多地关注意识形态的理论化形式，而是开始转向关注人们在日常生活中所产生的自发意识。其二是意识形态的概念是对事物内在本质认识模式的颠倒，即颠倒和掩盖了真正社会现存的关系。其三是意识形态不是没有任何社会基础的纯粹虚幻。其四是马克思的意识形态概念思想中包含着观念与其内部关系之间具有某种符合一致的可能性。资本主义社会下所谓的自由是市场关系的产物，而交换领域的这种现象又是对生产领域资本家和工人之间、活劳动和死劳动之间本质关系的一种颠倒反映。

综上所述，马克思运用唯物史观的科学方法论明确了批判意识形态思想发展历程以及其所经历的各个阶段，阐明了意识形态所具有的否定性内涵这一贯穿始终的鲜明特征。此外，"道德被马克思主义者视为反映阶级利益和改变社会模式的意识形态形式。"②当然这样的立场排除了马克思主义对道德原则的吸引力，麦克莱伦也进而提出意识形态亟待解决的难题，比如马克思提出了具有批判性和否定性内涵的意识形态，马克思主义理论追随者进一步提出了其肯定性和中性的意识形态；此外，在马克思看来，意识形态是批判工具和手段，但作为一种批判方式是否会成为意识形态本身等这些问题，正如他坦言，"20世纪的马克思主义者如何修正和改进他所强调的许多重点，是我们正要转向的。"③

2.1.3 社会主义批判意识形态思想的内涵拓展

社会主义批判意识形态思想的内涵拓展在于强调否定性和批判性的内涵向一种更广义的中性内涵的转变。马克思、恩格斯主要强调对意识形态概念的批

---

① [英]大卫·麦克里兰著.意识形态（第二版）.孔兆政，蒋龙翔，译.长春：吉林人民出版社，2005：27.
② David McLellan(ed) Sean Sayer(ed).Socialism and Morality.Macmillan，1990：1.
③ [英]大卫·麦克里兰著.意识形态（第二版）.孔兆政，蒋龙翔，译.长春：吉林人民出版社，2005：27.

判性含义，同时存在着论述的不确定性和模糊性。马克思、恩格斯在早期著作中使用"意识形态家"或"意识形态的阶级"这些字眼指代知识分子和各社会阶层的思想家，或用这些词指代无产阶级等。1859年的《〈政治经济学批判〉序言》中关于意识形态肯定性内涵的解读也带来了很大的影响。成熟时期的马克思主要将研究重心转向了对资本主义经济等问题批判，然而恩格斯更多地回到了德国观念哲学所提出的问题，表述了意识形态概念的否定性内涵特征，当然其中也表露了一些"意识形态统治"或"意识形态上层建筑"等或多或少具有一定的肯定性意义。

恩格斯将马克思的观点逐渐描述为科学的世界观，当然，马克思自己也称他的著作是科学的，但是，在他的著作中这个术语没有多少显著的自然科学方法论。正是恩格斯和他的继承者使"科学社会主义"这个概念的意义变得狭窄并被削弱了。对于这种差异的一个具体的证明就是马克思与恩格斯对待费尔巴哈的态度。马克思批判费尔巴哈，是因为费尔巴哈不能以历史思辨的方式来理解唯物主义，因而不能看到人类历史受到其物质需求的制约。恩格斯很愿意用相对比较长的时间研究费尔巴哈的唯物主义——作为对世界的一种哲学解读，这是他感兴趣的问题所在。对于具体的哲学问题而言，第二国际主要的理论家考茨基等人都深受恩格斯的影响，他们中的很多人是通过《反杜林论》走向马克思主义的。在苏联也是同样如此的，列宁的著作《唯物主义和检验批判主义》采用的就是类似的论调。这部著作更加重要的政治目的是为了防止布尔什维克受到非正统哲学的攻击，而不是为了其哲学价值，当然这个哲学价值是非常小的。列宁几乎只依赖于引用恩格斯的论述。粗陋的唯物论是最保守的理论，不足为奇的是，随着斯大林政权的巩固，对恩格斯思想的庸俗化就成为苏联哲学教科书的主要内容，这种情况直到20世纪70年代后期也没有得到多大的改变。

考茨基、普列汉诺夫等学者对其意识形态观点术语增加了肯定性的内涵，为肯定性意识形态埋下了伏笔，列宁将肯定性意识形态概念进一步传播开来。这一概念的演变受经济和政治相互作用的影响，占统治阶级地位的思想与统治阶级的政治利益联系在一起，因此也遭到了强烈的批判，而对占统治地位思想的批判就成了被统治阶级政治利益的表达方式了，而对意识形态概念的扩展性解释则可以承担这一使命。在这一扩展的意义上,新的认识论意义上的中性意识形态观念逐渐形成,日益发展为肯定性内涵代表所有阶级的立场和观点。意识形态指的是阶级政治思想而不是对矛盾的掩饰作用。意识形态概念由肯定向否定性的转变带来了消极的后果,这是因为意识形态概念被中性化了,失去了批判的内涵,不利于揭示社会矛盾的实质。

列宁及时结合本国国情提出了先锋政党理论,并且结合世界资本主义变化趋势提出了帝国主义的概念,将马克思思想发展为重要的两大历史学说理论。对于麦克莱伦来说,列宁理论在一定程度上较机械地对马克思思想加以修正和内化,形成了具有列宁主义鲜明特色的政治统治理论。"列宁对马克思主义理论最持久的贡献,是通过勾画无产阶级政党与它所代表的阶级的关系。"[1] 苏联社会主义的失败和东欧国家的剧变是因为在对马克思思想指导实践过程中偏离了"现实"这一重要的检验标准,东欧剧变在社会现实中得以证实。马克思思想是不切实际的这一观点是错误的。麦克莱伦赞成社会主义必定能够战胜资本主义,苏联和东欧的社会主义失败的经验教训更能够验证马克思思想的科学性,重新回到认识马克思思想,将其看成是一种方法论而不是照搬知识框架的教条主义。

在麦克莱伦看来,马克思并未明确地区分意识和意识形态,马克思也不愿意将自己的思想看作意识形态。马克思认为上层建筑思想包括意识形态和非意识形态。在上层建筑思想中,"使思想成为意识形态的,是它们对社会和经济关系的真正本质的掩饰,以及由此而来的对社会中社会资源和经济资源不平等分配的辩护。可见,并非所有思想,而仅是那些掩盖社会矛盾的思想才是意识形态。"[2] 麦克莱伦指出,马克思早期的认识不够连续,其意识形态的思想不是系统展开的理论,此外,唯物主义史观本身难以准确地被描述,马克思主义唯物史观和其中的概念本身并不是一种意识形态。麦克莱伦指出,恩格斯和列宁等继续发展创新了马克思思想,构建了马克思主义理论。马克思在其生

---

[1] David McLellan(ed). Marx:the First Hundred Years. Frances Pinter,1983:162.
[2] [英]大卫·麦克里兰著.意识形态(第二版).孔兆政,蒋龙翔,译.长春:吉林人民出版社,2005:18.

活的时代背景之下进行研究受到社会发展的局限性制约，他生前所出版的文献较少，恩格斯作为马克思的"第二把小提琴手"整理并补充了马克思生前的著作，在整理过程就加入了很多自己的思想。麦克莱伦认为将马克思思想刻画出了更多教条并且赋予了很强的政治目的，同时借鉴了很多社会民主党派的一些思想。麦克莱伦认为马克思并未将自己的思想当作真理性且不容更改的教条主义结论，而是一种认识世界和认识社会规律的基础方法论。

2.1.4 批判意识形态思想的目的和旨向

19 世纪末 20 世纪初，资本主义国家向其终极阶段帝国主义过渡，资本主义内部矛盾不可调和而爆发了第一次世界大战，战后帝国主义列强对世界秩序重新调整，形成了以战胜国英国、法国、美国和日本为首的新格局，即凡尔赛—华盛顿体系。这种战后新格局从根本意义上来说只是列强重新瓜分了殖民地并未动摇真正的世界格局，即仍是资本主义对许多国家和地区的剥削，但被资本主义所包围的苏联能够打破外来帝国主义入侵干涉和政权颠覆，显示了社会主义新生生命力的巨大潜力。1889 年马克思的追随者等成立了第二共产国际，"其中以德国社会民主党（SPD）最为突出，在党的纲领中重申了垄断资本主义、中产阶级衰落、无产阶级贫困和无阶级社会生产资料的必然性"[①]。西方马克思主义正是在这一期间开始萌发。发达资本主义国家工人阶级革命失败之后，西方马克思主义进行不断反思与修正，在马克思主义阵营内由卢卡奇、葛兰西和科尔施为代表关于西方革命道路的争论，形成了理论思潮，主要就其与第二国际和第三国际的理论者之间的分歧展开的。西欧国家照搬苏联工人阶级武装革命获得政权的方式进行欧洲革命却屡次失败，伴随着第三国际成立，苏联强制其内部共产党实行苏联党内路线，这些刻板教条的做法遭到西方党内理论家的不满和反对，他们试图提出符合欧洲无产阶级革命的理论道路，这条道路既不同于第二国际右派机械的经济决定论也不同于第三国际及其苏联僵化教条主义模式。正如科尔施在《马克思主义和哲学》中指出，我们必须努力理解马克

---

① David McLellan(ed).Marx:the First Hundred Years.Frances Pinter，1983：158.

思主义理论，从德国唯心主义哲学中出现的每一个变化、发展和修正的内容，力图弄清这些变化、发展和修正的原因，进而抓住马克思主义理论退化为庸俗马克思主义的真正根源，解析第三国际成员为建立"马克思的真正学说"所在意识形态领域努力的意义。

麦克莱伦指出，无产阶级是能够将主体和客体联系起来的唯一阶级，通过主观思想表达出客观历史的行为，正如马克思在《关于费尔巴哈的提纲》中所阐述的理论与实践相统一的论述。卢卡奇的著作成为德国、奥地利和匈牙利1918-1919年等革命运动的理想蓝图，这些革命之所以是以失败告终，是因为他的理想蓝图在某种程度上是过于理想化，他的理论更多是在社会政治真空中所做的理论。卢卡奇重视德国古典哲学对马克思主义重要影响，分析研究新康德学派的衰亡、现象学的兴起，以及直觉主义和浪漫主义社会思潮影响，这些思潮都反对自然科学方法论的主导作用，他运用黑格尔哲学将其时代问题进行理论化。"卢卡奇曾惊人地预见到，1930年前后《1844年经济学哲学手稿》的发表将会给马克思的思想投下新的光辉。"① 他与青年马克思不约而同地通过黑格尔走向了同一条研究路径，就是重点厘清关于物化、主体和客体的辩证论述以及思维整体性。麦克莱伦认为关于阶级方面，卢卡奇有了进一步完整的论述，马克思关于阶级问题阐述在《路易·波拿巴的雾月十八日》一文中，他区分了客观因素即生产资料的一般关系，以及主观因素即利益分享的观念等。卢卡奇探讨超越无产阶级的真正主观意识，并在讨论过程中赋予其阶级意识，即一个阶级在完全意识到自己的利益时必须具备的意识，这种阶级意识在心理学上没有实在性。麦克莱伦认为卢卡奇从历史的角度对两百年以来所发展的阶级意识和其局限性进行阐述，阶级本身只能随着工业革命而产生，因为阶级群体会成为一个国家实体。由于资产阶级和无产阶级之间的分化，阶级意识变得更为纯粹，尽管发达资本主义社会日益复杂的变动性会加剧确立终极阶级界定的困难局面。一战时期世界革命的客观条件已经成熟，世界革命的成功取决于

---

① [英]戴维·麦克莱伦著.马克思以后的马克思主义（第3版）.李智，译.北京：中国人民大学出版社，2016：172.

无产阶级意识的无形因素,"无产阶级只有扬弃自身,只有把它的阶级斗争进行到底,实现无产阶级社会,才能完善自身"。[①]麦克莱伦强调发达的阶级意识可以使无产阶级成为历史的对象和主体,也就是说主观和客观完全分裂开来就无法正确地解读世界,尽管黑格尔的辩证思维是一种唯心主义的方式,在一定程度上也推动认识世界的方法论。

卢卡奇通过黑格尔思辨哲学的分析方法,厘清了异化、物化和整体性概念的阐释,这为资产阶级文化批判的理论构建奠定了基础。卢卡奇的物化概念与马克思的商品拜物教有异曲同工之妙,马克思在《资本论》中指出,商品拜物教泛指人与人之间的社会关系是主观和客观的,他们的社会关系转化为商品之间的关系。物与物的世界正在通过似乎独立于人的客观规律来统治人们,人成为现实生活的劳动对象和消极的旁观者。卢卡奇运用马克斯·韦伯的"合理性"概念从劳动分工出发探索了国家和现代官僚机构中的这一物化发展过程。物化概念和整体性概念是紧密相连的,物化最终导致从集体中消除了每个对象个体的专业化,从而使社会总体分化,这意味着人们和周围的世界被视为没有内部联系的抽象独立的个体。资产阶级必须这样地看待事物,因为这一观点对他们的生活方式的影响是必要的。直到现在,物化过程的核心动力一直是客观性的普遍存在性,即在异化的世界中没有任何主体,资本在社会中的演变已经将无产阶级完全变成了物化工具,使它发挥推动历史进程的主体作用,资产阶级片面而静止的观点绝不可能达到对社会根本性的认识。科尔施注重理论问题,认为1918—1919年德国革命失败是社会心理原因造成的,他指出哲学在马克思主义世界观中的作用。相较于卢卡奇,第二国际思想家更加批判恩格斯,主张将马克思的辩证唯物主义原理应用到整个马克思主义历史上。

---

① [匈]卢卡奇著.历史与阶级意识.杜章智,任立,燕宏远,译.北京:商务印书馆,2016:147.

2.2 欧美马克思主义的批判意识形态思想分析

麦克莱伦对马克思与马克思主义之间的联系与发展做了翔实的研究与文本解读，尤其结合实践发展与国别差异进行进一步厘清，具体考察了当代国外马克思主义最先进的思想理论和发展趋势，指出当代西方马克思主义批判维度为社会批判思想理论奠定了文化基础；又集中论述了英国典型的经验马克思主义的学术影响力，同时分析和评价了当代欧美马克思主义理论的逻辑路径等，为学界深刻解读马克思与马克思主义发展前沿作出重要的理论贡献。麦克莱伦认为，马克思与马克思主义之间关系是一脉相承并且有相互差异性，马克思主义即广义层面泛指继承并发展经典马克思的思想，以实现共产主义的未来蓝图作为目标。

1914年，第二共产国际宣告解体，此后的20多年里西欧工人阶级运动受挫，对欧美马克思主义发展有一定的影响，这种挫折使得马克思主义的研究重点由西方转向了东方。西方马克思主义的研究群体不是政党当中的主要代表人物，也不是政界主要活动家而是学术界的学者，这些学者在工人阶级的活动低落时从事写作并相对地脱离政治实践。其著作的显著特点是侧重哲学、认识论、方法论甚至是美学，而政治学和经济学占比很少。在很长一段时间里由于资本主义国家议会制民主的长期的规范化，资本主义社会在这段时期经济相对稳定，并获得空前繁荣，许多马克思主义知识分子群体中蔓延着一种逆来顺受的悲观主义情绪，而这一情绪也并未因为认清官僚式的苏联社会主义的压迫而有所缓解。从地缘上来认识，西方马克思主义的理论集中于德国、法国和意大利这几个有共产主义大党的国家。

2.2.1 欧美马克思主义的批判意识形态理论

在麦克莱伦看来，卢卡奇的意识形态观与列宁相比，并没有发生根本性的变化，它吸收了列宁关于资产阶级工联主义意识形态的思想，对于"被赋予的阶级意识"加以区别。许多学者将卢卡奇的意识形态观等同于虚假意识论，这是一种比较肤浅的理解，麦克莱伦强调马克思认为决定意识形态是否具有虚假性的因素，是意识形态为其提供利益服务的那个阶级的结构性地位。总的来说，卢卡奇所秉承的还是一种肯定性的或中性的意识形态观。当然他也指出了卢卡奇意识形态观中的缺陷：首先，他将意识形态看作阶级的世界观，所以占统治地位的意识形态就没有了任何具体的自主性，而不过是对统治阶级生存状态的"纯粹"、简单的反映。其次，资产阶级意识形态控制似乎缺乏制度性的维持机制。最后，卢卡奇的观点无法解释自发的工人阶级意识形态问题。无论如何，肯定性的意识形态概念开始在马克思主义意识形态思想中树立了牢固的地位。

麦克莱伦考察了一般的社会科学重大发现对意识形态理解的影响。他把这种影响概括为非马克思主义的研究传统。社会学创始人韦伯与迪尔凯姆关于思想起源与有效性为意识形态研究做出重要贡献。韦伯作为盎格鲁-撒克逊经验研究创始者，迪尔凯姆是结构主义分析先驱。麦克莱伦采纳了历史分析研究方法，指出在世纪转折之际精神分析学在意识形态领域又增加了悲观主义。麦克莱伦通过对韦伯的经验研究和对迪尔凯姆结构主义的研究，再进一步分析弗洛伊德的精神分析学，最后回到卡尔·曼海姆的研究内容，形成了全面的意识形态理论，回到了德国历史主义传统。

麦克莱伦认为，韦伯关于寻求政治中客观性，可以勉强将其划入德斯特·德·特拉西到盎格鲁-撒克逊政治科学民主传统之中。麦克莱伦认为，韦伯的意识形态概念的潜在破坏力会直指自身。迪尔凯姆是立足于培根等意识形态理论家的传统之中。在迪尔凯姆眼中，一方面，意识形态与科学尖锐对立，另一方面科学是对社会事实的研究。他强调客观结构的决定作用，批判德国历史传统的主观性，这一思想为战后世界意识形态社会学奠定基础。麦克莱伦认为韦伯与迪尔凯姆并未推崇马克思主义的理性，但是对社会进步持积极乐观态度。19世纪末，反对理性力量的思想潮流在解读人类信仰行为时，强调非理性具有强烈保守含义。麦克莱伦认为弗洛伊德思想有社会和政治含义。首先，他相信政治因素是群众与领导者之间的关系，意识形态的功能是加强统治者与被统治者之间的密切联系，这种联系会加强对权威的肯定态度。其次，在研究教会与军队这类群体时，他认为许多彼此之间相互平等的个体中会有一个高于所有成员的人物。因此，弗洛伊德认为人是一种群居动物，群体中的个人会服从一个领袖领导。第三，他在《一种幻想的未来》对意识形态问题展开更广泛研究。他指出被领导者对领袖的依附性在某种程度上被视为一种防御机制的产物。

麦克莱伦认为弗洛伊德与迪尔凯姆一样在理解意识形态概念时，对原始社会与宗教起源感兴趣，一方面认为文化尤其是宗教包含了对任何文明的维持都是必需的压抑部分，另一方面与迪尔凯姆一样认为科学研究会带来更理性的社会。总之，弗洛伊德著作相对保守，具有霍布斯式人性论特征。排斥理性概念会产生悲观的社会和政治后果，这一方法在美国广泛用来破坏激进主义的声誉。魏弗杜·帕累托将弗洛伊德的心理学方法赋予了一种更普遍的形式。首先，他更倾向于怀疑论，认为理性、真理或进步等任何信念都是非逻辑的。第二，他认为所有社会都不可避免被互相取代的精英所控制，这一派或另一派精英的利益促进或破坏已建立起来的秩序。麦克莱伦指出，帕累托的著作是极端的保守悲观主义，运用培根和特拉西实证主义方法，去除了理性主义成分。麦克莱伦认为帕累托怀疑论是精英们根据自己利益加以操纵意识形态的非逻辑部分。

麦克莱伦分析，从帕累托转向曼海姆的这一倾向有所缓和，曼海姆的著作具有典型的德国历史主义传统，其目标是消化马克思和韦伯两种睿识。麦克莱伦认为，曼海姆将马克思及其他人的观察方法推广并建立起全面意识形态理论。把握曼海姆的思想难点是落脚点放在历史上还是方法论上，以及如何在不同意义上使用"意识形态"这个词。麦克莱伦认为曼海姆的认识路径是"只有当人们把关系主义与（独立于观察者的主观经验的）非视角主义的永恒真理的旧静态理想联系在一起的时候，只有当人们根据这种异己的绝对真理理想来判断它的时候，它才会变成相对主义"①。麦克莱伦认为曼海姆所使用意识形态概念，既在宽泛意义上说其是受社会所决定的思想，但又分析意识形态是与科学相背

---

① ［德］卡尔·曼海姆著.意识形态与乌托邦.李步楼,尚伟,祁阿红,朱泱,译.北京：商务印书馆，2017：347.

离的思想。益格鲁－撒克逊主流社会科学延续特拉西观念科学传统，具有典型实证主义色彩。实证主义者普遍认为社会科学应该效仿自然科学，具有强烈的经验主义色彩，诉之于客观世界的事实，论证那些无法通过事实来验证的所有观念。

总而言之，在麦克莱伦看来，欧美资产阶级革命处于低潮的历史变革时期意识形态概念在发展中体现出的创新性，是对意识形态相关性的深度挖掘，其目的旨在探索维护西方资本主义体系的可能性，而对这一概念探索最完备、最富见地的还要算葛兰西。在葛兰西的努力下，肯定性内涵和否定性内涵之间的转换成了一个自觉的问题，一个理论探讨的对象。葛兰西在"有机的意识形态"与"随意的意识形态"之间做出了区分，前者肯定是一种既定的结构，后者则是个人的臆想。在他那里，意识形态概念的否定性含义被放弃，肯定性含义得到扩展。葛兰西的意识形态观的创造性与他的霸权理论联系在一起，他所说的霸权主要指的是一个阶级团结和凝聚广大群众的能力。麦克莱伦认为葛兰西的意识形态观受到了卢卡奇的影响，并分析了他们二人的区别：第一，卢卡奇对意识形态的分析依然是在无差别的和高度复杂性的思想层面来进行的，而葛兰西则把意识形态划分为不同的等级，即哲学、宗教、常识和民间传说。第二，尽管卢卡奇和葛兰西都强调阶级意识的重要性，但卢卡奇并没有充分解释阶级意识是如何形成以及哪个阶级才是这一发展过程的主体，葛兰西则强调了知识分子在阶级意识形成过程中的关键作用。第三，卢卡奇关注的是意识形态得以生产和传播的有形机制，而葛兰西则特别关注为意识形态生产和传播提供场所和通道的制度性框架。最后，麦克莱伦指出，葛兰西在对意识形态性质做出判断的过程中的贡献：首先，他通过对知识分子作用的高度评价以及对意识形态机器与意识形态的关联性的探讨开辟了一个新领域。其次，他对列宁和葛兰西那里存在的二元对立式区分进行了分析探讨。

2.2.2 益格鲁－撒克逊的经验主义批判意识形态导向

恩格斯在19世纪对当时英国无产阶级革命运动做了整体论述："充当伟大自由党的附属品和执票工具达四十年之久的英国无产阶级，已经终于觉醒过来，投入了新的独立的生活和活动。1890年5月4日英国工人阶级加入了伟大的国际大军，这已经是毫无疑问的了。而这是一件具有划时代意义的大事，英国无产阶级依靠着发展水平最先进的工业，而且享有最大的政治活动自由。"① 事实如此，英国及其理论家是在社会主义不断发展与进步的历史进程中做出了重要的历史功绩，英国不单是空想社会主义蓝图的萌发之地，更是社会主义真正意义上的政治纲领《共产党宣言》的诞生之地。英国是最早建立起资本主义制度的国家之一，在资本主义生产关系确立之下发展并创造了巨大的社会生产力，随着社会基本矛盾的加剧，工人在长期压迫与剥削之下深受工联主义思想的教化与影响，建立起规模较大的社会主义的联盟与无产阶级政党。英国的社会主义联盟和无产阶级政党受到非马克思主义如改良主义与无政府主义思想的影响，"它并不是马克思主义社会主义的党"②，但是工党在英国无产阶级群体中已经有了深刻的影响，一直以来对英国的无产阶级运动发展具有推动作用。

正如麦克莱伦指出，"赫鲁晓夫在1956年对斯大林的谴责以及马克思主义世界的日趋多元化"，③ 英国在俄国十月革命胜利之后，在国内也逐步形成了几个规模不小的马克思主义的社会组织，其中最大的是1911年建立的英国社会主义党，很多的党员主要是来自社会民主联盟以及独立工党中有不同政治观点的议员。第二大组织是英国社会主义工党即"美国同名组织在英国的翻版"④。最小的组织是由西尔维娅·潘克赫斯特（Sylvia Pankhurst）创立的工人社会主义联盟，随后成为英国主要的马克思主义机构组织。这些组织为英国共产党党员提供重要的政策信息。英国的共产党并不像其他欧洲共产党是从社会民主党分离而来，他们试图与英国工党联合却被拒。共产党党员对工党具有典型的矛盾心理，尽管反对工党的社会主义改良运动，认为这是一种对社会主义

---

① 马克思恩格斯全集（第22卷）.北京：人民出版社，1995：75.

② 高兰等.英国共产党三十年.北京：人民出版社，1953.

③ [英]大卫·麦克莱伦.马克思与马克思主义的今昔.张双利，译.王德峰，俞吾金校.当代国外马克思主义评论，2000（01）：312.

④ [英]戴维·麦克莱伦.马克思以后的马克思主义（第3版）.李智，译.北京：中国人民大学出版社，2016：336.

和工人阶级的背叛，但是又不得已主张俄国统战路线充当工党左翼。随着20世纪30年代的产业变革与国民内阁的垮台，共产党并未获得长足的发展，但是大量知识分子的涌入也为共产党输送了人才并加固了知识储备，将共产主义作为反对法西斯主义最好的武器。其中麦克莱伦最为欣赏的是英国著名的原创马克思主义者克里斯托弗·考德威尔（Christopher Caudwell），其著作有《幻觉与现实》和《垂死文化研究》，启发性地洞见了文学在社会之中的影响力。

第二次世界大战结束之后，英国共产党并未呈现发展上升之势而是开始逐渐落寞衰败。战争之后到20世纪40年代中期，英国战后大选共产党赢得了一定的选举席位，英国共产党对工党所组织的新兴政府给予厚望。然而在英国共产党看来，第二次世界大战以后英国经济出现危机，工党政府所采取的政策是对其竞选纲领的倒退，因而开始寻求一条既区别于资本主义又不同于社会主义的中间路线。冷战之后，英国工党又发动了大范围的反共行动导致英共状况日趋艰难，并长期不被英国的主流政界所接受。对于战后的国内和国外的发展局势，英共反思其行动纲领并开始制定适应新的形势之下的文件与纲领。20世纪50年代之初，英共在第二十一次代表大会上通过了新的党的行动纲领《英国走向社会主义的道路》，随后的1956年波兰事件和匈牙利事件又引起资本主义国家的反共反苏思潮，造成政治局势紧张的局面，使英共陷入更加艰难困境。然而，自1956年以来，苏联入侵捷克以及1968年的"布拉格之春"事件之后，英共内部思想混乱并形成尖锐对立的派别，其中一派坚决反对苏联入侵并公开批判其政策，提出英共应该走具有英国特色的社会主义道路。

随着中苏关系破裂和卡斯特罗在古巴的胜利，即便是正统的共产主义也处在大分化之中。更重要的是，马克思主义思想对20世纪60年代中期不断壮大的大学生队伍的影响与日俱增。其主要标志是1960年《新左派评论》的创刊，在过去的20多年里，它一直是英国左派知识分子的核心刊物。尽管马克思主义思想在国内有广泛的影响，但是并未带来共产党员人数的增加，共产党的规模依然很小。《走向社会主义的英国道路》的一文中，体现了工党并非遵循了一个革命斗争的纲领，而且工党正在试图向左转。然而，工党毕竟依旧是真正扎根于工人运动中的马克思主义组织。这种情况意味着，英国革命左派几乎是托洛茨基主义者的同义语。就这一点,从最大的团体即社会主义工人党(正式之称为国际社会党人),经由更具理论色彩的国际马克思主义小组,直到像工人革命党这样的极端倾向的组织,概莫能外。

麦克莱伦作为英国学者其思想形成背景与研究方法深深扎根于英国,尽管英国没有广泛马克思主义政治运动的基础,但是英国学者在很多领域做出了巨大的贡献,诸如文学、历史学和政治经济学方面等。在文学方面,很长时间以来,威廉斯在《文化与社会》和《漫长的革命》等著作中,提出了一种"文化唯物主义"的观点并将其定义为"一种把文化当做社会的和物质的生产过程的理论,当做特殊实践的理论,以及把'文学艺术'当做物质生产资料。从作为物质的'实践意识'的语言,到写作的具体知识和具体形式,直到机械的和电子的信息系统等的社会性使用的理论"[1]。在威廉斯看来,无产阶级的文化意识形态是真正的社会主义核心价值理念所表达的中心思想。显然其与《新左派评论》的编辑不同,那些人一直关心的却是如何造就一个具有领导权的社会主义知识界。阿尔都塞的很多观点与马克思的原著有很大偏离,但仍然有深远影响。这是因为其思想有别于存在主义以及基督教教义,他侧重对理论分析而贬低对经验的分析,迎合了某类型的知识分子的偏好。特别是他对社会上层建筑以及意识形态问题的分析与讨论,以及牺牲掉经济范畴的讨论,重点突出文学与文化意识形态研究以扩展他的思维广度和深度。随着伯明翰文化研究中心的思想繁荣发展,其中主要代表学者有斯图亚特·霍尔、特里·伊格尔顿等,都是在文学批判意识形态思想界享有盛誉的西方马克思主义代表。

在历史学方面,领导时代潮流的是那些曾经或时下同共产党保持密切联系的作家,这其中包括写了有关英国内战著作的克里斯托弗·希尔(Christopher Hill)和《英国工人阶级的形成》一书的作者E.P.汤普森。从更深的理论观点来看,佩里·安德森和汤姆·奈恩都指出,这些革命中,资本家随时随地准备同贵族妥协,在讨论中从封建主义向资本主义过渡的问题占有相当突出的地位。

但是在英国,知识分子做出最大努力的方面也许在经济学。自1960年斯

---

[1] R. Williams.Notes on British Marxism since the War. New Left Review, 1976–1977: 88.

拉法(Sraffa)的《用商品生产商品》出版以来，人们感受到的是，这是对马克思做出的强有力的新李嘉图学派式解释。该派作者着重研究的是交换和流通领域，而不是生产领域。由此，他们抛弃了价值理论，并试图用纯量的要素，如生产价格和市场价格，来阐发出马克思的思想。因而，他们也抛弃了马克思对生产劳动和非生产劳动所做的区分，他们随之重新确认了区分生产劳动和非生产劳动以及坚持利润率下降趋势论这两方面的重要性，从而为传统马克思主义的价值理论作了精辟而强有力的辩护。在这一经济学领域中，最重要的进展也许是《资本和阶级》杂志的创刊，它是由社会主义经济学家联合会创办的，它独特地把讨论政治和经济学之间的关联作为探讨的重点。

2.2.3 结构主义的批判意识形态思想路径

直到二战之后，法国的无产阶级批判意识形态成了法国文化知识领域当中重要的一股精神力量。这显然与德国的情况不同，加之空想社会主义诞生之地的优秀传统，以及在与法西斯对峙之中因为社会主义意识形态的巨大潜力而赢得了良好的声誉，相形之下，与第三共产国际相联系的自由主义则名誉扫地。此外，许多外国知识分子发现巴黎是流亡者适宜的场所而纷至沓来，因此，法国的马克思主义获得了极大的发展。马克思主义批判意识形态的维度发展也越来越多元化，马克思青年时期作品以及黑格尔的影响等使其具有典型的存在主义色彩。战争摧毁了深深植根于法国哲学传统之中清晰的科学理性思维。正如梅洛·庞蒂所言，19世纪所有伟大的哲学思想，包括马克思哲学、尼采的现象学、德国存在主义和精神分析学，都能在黑格尔那里找到源头，正是黑格尔开始尝试去探索非理性主义。

在政治上，法国共产党不得不服从苏联的利益，在国内政策方面往往推行一条保守主义路线。在哲学上，除了重复斯大林制定的辩证唯物主义的路线，便无所作为。马克思早期著作例如《1844年经济学哲学手稿》的译介，却给人留下这样的印象，它似乎提供了一种完全不同的马克思主义形式，很多学者描绘出了这样一幅图景：多才多艺的个人在与其同伴的合作生产过程中自由自在地发展其个性，而现实中技术力量的增长和人在社会中受摆布的可能性越来大。马克思探讨晚期资本主义社会之中有关人的物化概念使19世纪的法国学者认为，马克思具有了浓厚的存在主义风格。马克思主义在斯大林主义统治下丧失了的异化和实践等观念，被法国人重新发现了。通过洞察《1844年经济学哲学手稿》中的许多内容，科尔施和整个法兰克福学派返回到了青年马克思思想当中，以文化批判方式去探索阶级意识的适应性。

法国的马克思主义思想家曾经都不得不以某些方式同法国共产党达成妥协，而党内僵化的气氛笼罩了整个知识界。亨利·列斐伏尔早在1934年就出版了马克思著作的选集，包括《巴黎手稿》中的许多文章。他在很容易引起误解的"辩证唯物主义"标题下写了一篇介绍马克思的短文，至今仍堪称杰作。列斐伏尔坚持彻底的人道主义，立足于把实践看作是人与自然间的辩证关系。

20世纪60年代，法国的结构主义哲学思维反对黑格尔式的马克思主义，特别注重将晚期资本主义社会组织中的消极性激发起来更好地与马克思主义相结合。一般而言，结构主义起源于语言学研究，研究的是作为意识形态的承载体语言的基本构成，此外有拉康（Lacan）和福柯（Foucault）在心理学和认识论方面也动用了"结构"概念。当然只有认清其理论上的"脱漏"及早期思维方式中的残余等，方可把这种历史观分析抽取出来。"马克思主义不仅是一门政治学说、一种分析和行动的'方法'，而且作为科学，它是发展社会科学人文科学、自然科学和哲学所不可缺少的基础研究的理论领域。"[1]阿尔都塞旨在发掘、揭示《资本论》中所固有的哲学思想，对这一努力，具有决定意义的是，他意识到马克思的著作所包含的不只是某一个论域。阿尔都塞否定了马克思初期作品中的人道主义现象，指出其青年时期与晚期作品中"认识论的断裂"问题。马克思的初期作品更加注重黑格尔建构的异化问题，以及费尔巴哈强调的类存在内涵，这都表达出其对意识形态不同主体的问题域的差异；在其晚期著作中才包含着能容纳一门科学基础的另一问题域。这同弗洛伊德的无意识理论有着明显的类似之处。这种社会征兆产生了什么呢？它包含了对人道主义和对阿尔都塞视其为人道主义之必然结果的经验主义的否定。经验主义把主体和客体，

---

[1] [法]路易·阿尔都塞.保卫马克思.顾良，译.北京：商务印书馆，1984：6.

抽象和具体对立起来，认为世界能够被直接把握，这种见解没有明确地把实物与其对象加以区分。

麦克莱伦分析了阿尔都塞意识形态理论及其影响。他认为阿尔都塞的意识形态概念是含糊不清的。他的思想中包含着肯定性意识形态内涵的要素，比如他认为科学和意识形态之间实际上是一种截然不同的对立的关系。早期的阿尔都塞力图在肯定性内涵和否定性内涵之间达成一种一致性关系，其方法就是主张被统治阶级的意识形态是从属性的，被统治阶级依据占统治地位的意识形态来达到他们自己的思想。后期的阿尔都塞则力图回应批评者将他指责为功能主义者。阿尔都塞的另一思想就是意识形态是作为"社会意识形态"而存在的三个社会客观层面之一。但是，阿尔都塞在二者之间选择了妥协，他的标志性理论贡献也随之被击碎了。

麦克莱伦认为，阿尔都塞指出意识形态是一种物质性的存在，因为它存在于物质生产和实践中，阿尔都塞的后继者们借此来反对将意识形态归结为虚假意识。麦克莱伦总结了他们反对虚假意识的三个理由：

第一个理由是：与客观社会层面的意识形态有关。反对者认为意识形态的这一属性使得它得以独立于个体主体化过程之外。在马克思看来，个体是自身实践活动的产物，同时也在实践活动中获得了主体地位。阿尔都塞致力于证明人道主义是一种意识形态，是马克思在其成熟时期的著述中借用科学概念予以替换的对象。尽管阿尔都塞认为马克思抛弃了费尔巴哈关于抽象人的观点，提出人的本质是"一切社会关系的总和"的观点，但当阿尔都塞讨论一种阶级的人道主义而不是个人的自由之时，他还是忽视了马克思关于人的解放的观点。

第二个理由是：意识形态是物质的产物而不是精神的产物。在麦克莱伦看来，考察意识形态问题时，不可能只简单地谈及其物质性，而否认它与意识之间的关系，否则就会使论题陷入混乱。就马克思、恩格斯来说，他们认为意识是社会内在于主体的、为了存在而具有物理形态的，他们否认彻底摆脱物质性的"纯粹意识"观。麦克莱伦认为，阿尔都塞和赫斯特都尽力避免将思想还原式地理解为经济过程的纯粹附属现象，但是他们却滑入了旧唯物主义还原论，即把意识和意识形态视为从虚无中产生的外在于主体的客观存在。

第三个理由是：与运用到社会现象中的虚假性概念有关。赫斯特把"虚假"直接等同于"虚幻"，将一种认识论的现实转换为一种本体论的缺席。麦克莱伦认为这种等同论存在着三方面的问题：第一，这是一个模棱两可的表述，它可能意味着意识形态是个体意识的一种发明，是没有任何现实基础的错觉和幻想；第二，意识形态似乎是一种完全有理由予以批判的纯粹的思想或认识论问题；第三，"虚假意识"本身并不特指意识形态所包含的具体虚假性，似乎所有的错误都是意识形态的。所以，麦克莱伦认为这是一种不恰当的意识形态定义。

阿尔都塞对马克思的解读存在很多可以质疑的问题，譬如他认为意识形态是一种幻象而在虚假的范畴之内，意识形态并非只存阶级的社会之中，而且在未来的共产主义社会中依旧存在。虽然他是知识分子杰出代表，但同工人阶级的革命活动脱离了联系，他就不可能为理论与实践的关系提供一个令人满意的说明，因而成了阿尔都塞研究马克思主义最薄弱的环节。阿尔都塞对斯大林主义的态度一直是温和的，因为他认为，斯大林主义只是一种对上层建筑思想认识"偏差"的错误。例如在《保卫马克思》一书中，他写道："每一件被说成是'个人崇拜'的事情，所指涉的恰恰是上层建筑领域，因而只是国家机构和意识形态的领域；而且，它大都只涉及这一领域。从马克思主义理论中，我们就知道，这一领域具有'相对独立性'"[1]这种相对独立性十分简单地从理论上说明了，当上层建筑思想出现错误偏差之时，社会主义的基础结构如何能够在未受到重大损害的情况下得到发展。这些批评使阿尔都塞对自己的立场多少做出点修正，他不得不承认，把哲学等同于科学是一个"理论上的"偏差，从而使哲学脱离了阶级斗争。

2.2.4 德国历史主义批判意识形态的思想传统与旨归

20世纪20年代，欧洲主要理论家卢卡奇、科尔施、葛兰西都积极参与政治，

---

[1] Louis Althusser. For Marx. Verso, 1970: 240.

而成立于1923年的法兰克福学派则不归属于任何政治党派。1930年马克斯·霍克海姆（Marx Horkheimer）担任研究所所长后，他逐渐形成具有典型法兰克福学派的思想观念，通过《社会主义和工人运动历史档案》杂志作为平台出版了很多卢卡奇和科尔施等人的文章，以及很多有关第二国际发表的历史学的著作。随着霍克海默的思想倾向性研究有了显著的转变，该所成员既反对社会民主党人的改良主义，也反对以苏联为导向的日益僵化的教条主义，不以政治偏见为导向而是更加注重资产阶级社会的文化上层建筑的影响。力图重新考察马克思主义思想的基础，他们更注重强调黑格尔对马克思的影响。霍克海默指出，黑格尔的唯心主义将主观与客观、精神与存在等之间的矛盾归于根本同一性之上，削弱了思维的批判性，不能起到改变世界的作用。法兰克福学派将一些非马克思主义的学科如精神分析学融入马克思主义，在哲学层面，霍克海姆把非理性当作对发达资本主义国家压抑抽象个体的一致性的抗议。麦克莱伦指出，正因为他们并未否定马克思关于经济对资本主义生产关系的决定性作用，其政治态度较鲜明地支持无产阶级事业，强调实践的作用并提高无产阶级的阶级觉悟。正如他指出，"唯心主义叫作理念和目的的东西以及唯物主义叫作社会实践和意识的历史能动性的东西，就它们终归被经验主义承认为认识的条件而言，实际上都是作为观察对象而不是作为构造因素和指导力量与科学发生关系。"① 在这一方面与列宁有极大不同，列宁认为知识分子与先锋队的领导是一致的，在与工人阶级进行政治联系的问题上，法兰克福学派显然是错误的。该学派受到法西斯主义的影响，其影响在迁移至美国后更加滋长了其政治上的悲观主义，"必须让人类看到他的行为与其结果间的联系，看到他的特殊的存在和一般社会生活间的联系，看到他的日常谋划和他所承受的伟大思想间的联系。哲学揭示出了那些，就人类在日常生活中必须依赖孤立的观点和概念而言，人类陷于其中的矛盾。"②

---

① [德]马克斯·霍克海默著.批判理论.李小兵，等译.重庆：重庆出版社，1989：140.
② [德]马克斯·霍克海默著.批判理论.李小兵，等译.重庆：重庆出版社，1989：250.

麦克莱伦对理论的内涵做出了简要分析，法兰克福学派认为理论的内涵是指某一学科全部认识的总和，这些观念相互紧密联系形成了几个基本主张，其余的都是衍生的。例如，笛卡尔通过演绎的方式得出重要主张，约翰·穆勒是通过归纳而得出的理论。无论基本原理经由挑选或是直观得出，还是仅属于约定而成，在概念化的理性认识与被那种经验知识推理出的事实之间存在着区别。批判理论摒弃这种二分法，认为其是一种"异化"，从而造成价值与研究、认识与行动之间的分离，批判理论继承整个西方哲学传统经验。马克思认为要废除的不是哲学而是科学主义式的退化。西方对哲学传统做了主要论述，区别了两种理性，"第一类理性意在发掘将人从外部压抑和强制中解放出来的手段即价值理性；另一类则是工具理性，它对自然界发挥技术控制的作用，其主要动力来自18世纪的启蒙运动"①，而从近来的变化发现，此类理性蜕变为了极权主义，而马克思思想具有工具理性特质，强调劳动以及人类对自然界的影响，这都深受启蒙理性的传统影响。

在麦克莱伦看来，赫伯特·马尔库塞（Herbert Marcuse）是最具代表性的法兰克福学派的成员。他主张将马克思主义与海德格尔式的存在主义结合起来，他的《理性与革命》主要对黑格尔进行研究，是他的第一部英文版著作。他注重对黑格尔思想中理性内容的分析与考察，既不同于纳粹分子将黑格尔视为有组织的国家非理性浪漫主义的先驱，也不同于斯大林主义视为反动的贵族思想家，从而抛去黑格尔的神学思想。马尔库塞力图"揭示黑格尔与马克思之间有一种潜在的连续性"②，黑格尔强调以强权国家对付无政府主义状态，马克思将其哲学推向了社会实践活动，从黑格尔到马克思的转化是向不同类型的真理转化，不能用哲学术语解释。黑格尔强调劳动范畴，但是马克思将哲学上的劳动转变为是异化了劳动者的劳动，伴随着哲学向社会实践的转向，理性的观念

---

① ［英］戴维·麦克莱伦著.李马克思以后的马克思主义（第3版）.李智，译.北京：中国人民大学出版社，2016：283.

② ［英］戴维·麦克莱伦著.马克思以后的马克思主义（第3版）.李智，译.北京：中国人民大学出版社，2016：289.

已经被幸福的观念所取代了，"这样看来，他确实超越了马克思本人"①。马尔库塞在《爱欲与文明》中重点探讨了幸福概念及其在当代社会中遭受的挫败，在其著作中弗洛伊德的理论似乎与马克思的理论调和一致。在麦克莱伦看来，马尔库塞反对那些注重从当代社会框架进行治疗的弗洛伊德修正主义者，这些修正者只为了真正遵奉式的实践而忽视了理论，"马尔库塞对通向解放的心理障碍的研究，使他走向了一种乌托邦式的激进主义"。②麦克莱伦注重哈贝马斯的意识形态思想理论，他指出早期哈贝马斯将意识形态变成了一种技术专家治国意识论，即一种可以在群众中产生去政治化效果的意识，这时的技术专家治国意识论和以阶级为基础的统治，与物质利益联系在一起。后期哈贝马斯坚持一种扭曲交往的意识形态理论，这时物质利益和政权统治似乎与意识形态已没有什么联系了。鉴于此，哈贝马斯没有找到可以承担解放斗争任务的主体也就不足为奇了。

麦克莱伦指出，法兰克福学派力图吸收精神现象学的见解，却又使其理论基础变得狭隘。当然，通过启蒙运动的思想批判以及对资本主义的批判，拓展了其理论基础。在分析大众文化普及，关注另一个"上层建筑"问题，即权威的本质发展时，其中心环节是对精神分析学，尤其是对于弗洛伊德的解读。霍克海默最主要的影响是研究权威的两部著作即《权威与家庭的研究》和《权威化人格》，在经验主义的研究方法之上，吸收了精神分析学将家庭当做基础与上层建筑之间的中间环节。关于法西斯主义的影响，主要在心理学方面，强调产生权威与暴力的社会心理机制，忽视了对经济基础作细微的考察。法兰克福学派指出，资本主义与法西斯主义之间的直接关联是资本主义经济逐渐向垄断的方向演进，自由主义也向极权主义演化。他们忽视了宪制自由主义国家与法西斯国家之间在公民权和法律保障上的差异，强调自由主义和法西斯主义之间的连续性，将纳粹主义视为非理性统治趋势。这一趋势日益强调工具理性和技术合理化，这是西方自由主义启蒙运动传统的遗产，而那些不愿意对资本主义

---

① ［英］戴维·麦克莱伦著.马克思以后的马克思主义.李智，译.北京：中国人民大学出版社，2016：290.

② 同上。

说长道短的人，也必然对法西斯主义保持沉默。

麦克莱伦认为，法兰克福学派对美学和艺术学的基本看法不同于列宁主义传统，主张在阶级斗争中运用艺术和文学进行评判，侧重对马克思传统的继承，认为一部作品的社会洞察力比作者的政治态度更加重要，赋予艺术一种比在列宁主义传统中更多的自主作用。从艺术的否定层面看，艺术是对主导性现状的抗议，暗示更多充满人性的价值并且超越社会，然而他们将大众文化看作一种肯定性文化来进行批判，但并非是主张精英文化。大众文化的问题在于并不是真正意义上的大众文化，而是将为统治阶级和潜在的极权阶级服务的文化艺术强加于人民。

2.3 批判意识形态思想的整体阐释

马克思意识形态理论包括马克思本人的意识形态理论与马克思主义的意识形态理论、批判性与建设性、非德国传统与德国传统等不同侧面。我们从马克思意识形态理论的生成路径出发，梳理了马克思意识形态理论的德国传统这一线索，借以进一步把握马克思意识形态理论的历史借鉴意义和时代指导意义。意识形态不仅仅是一种纯学术理论，更是一个系统化的理论体系，包括了哲学、自然学、政治学、社会学等不同侧面。这与马克思主义的丰富内涵具有广泛联系，马克思为意识形态赋予了现代内涵，而意识形态理论在马克思主义理论体系中则占据了十分重要的地位和作用，是我们读懂马克思主义理论不可或缺的认识工具和路径选择。马克思意识形态思想体系是一个十分庞杂的系统，德国传统成为梳理马克思意识形态理论体系的一条重要线索。重新梳理这一线索，有助于深刻理解马克思主义的科学内涵和精神品质，有助于深入把握当代中国特色社会主义的理论和现实逻辑。

2.3.1 马克思主义批判意识形态思想的核心理念

18世纪末期,法国哲学家安东尼·德斯图·特拉西最早提出了"意识形态"。就"意识形态"这一词的本身含义来看,最初的"意识形态"被认为是以外部世界的感性知觉为来源,带有"空想""空论"的贬义。特拉西认为,人们无法从根本上认识事物本身,只能通过对事物的感知来形成对事物的观念,并且意识形态就是这些关于事物的观念和感知的系统分析。以特拉西为代表,经由涂尔干、阿尔都塞等人,意识形态概念走向"理性主义"传统,并与科学相对立,即非德国传统;而在德国的著作中,意识形态概念则走向了"历史主义"传统,并与科学相统一,即德国传统。意识形态具有相对独立的"外观",并非一成不变,意识形态本身也会存在批判、继承、再批判、发展与融合的复杂过程,而对意识形态的认识和使用也会随着社会实践的改变而改变。

马克思及其以后的马克思主义者围绕着意识形态问题进行了持续的争论和探索。马克思意识形态理论有广义的和狭义的不同层面。从狭义的层面上来看,马克思意识形态理论指的是马克思的意识形态观,与历史唯物主义的创立和发展相勾连,主要体现在马克思创作的著作,如《黑格尔法哲学批判》《经济学哲学手稿》《德意志意识形态》《资本论》。《德意志意识形态》一书最为集中地论述了马克思意识形态观。

从广义的层面来理解,马克思意识形态理论主要包含了两个阶段层面,一个是马克思的意识形态理论,一个是马克思主义的意识形态理论。从马克思意识形态理论体系的发展历程来看,整理来讲,马克思意识形态理论体系具有批判、建设、超越这三个基本向度。

麦克莱伦指出,"意识形态概念的历史是试图在意识形态讨论的范围之外寻找一个牢固的阿基米德点的各种尝试的历史,也就是寻求一个从只能够观察意识形态的各种杠杆如何发挥作用的不动的点的历史"[①],意识形态的发展认

---

① [英]大卫·麦克里兰著.意识形态(第二版).孔兆政,蒋龙翔,译.长春:吉林人民出版社,2005:2-3.

识路径历程经历两种传统：一种被麦克莱伦称之为"主流马克思主义传统"，就是寻求"特殊群体或阶级"来代表"非意识形态思想的特殊秉性"[①]，另一种是源自启蒙运动经唯理论、经验论传统的客观社会科学，揭示意识形态的非理性。社会主义社会形态不需要阶级力量捍卫意识形态，资本主义社会更需要理性市场经济准则。麦克莱伦提出避免意识形态研究结论即所有意识形态都是其自身的观点，他认为需要通过以下说法加以修正：一是意识形态几近虚无，既然无所不包也就毫无意义；二是意识形态包含了与克里特人艾皮米尼地斯声明同样的逻辑谬误，艾皮米尼地斯认为克里特人都是骗子。总之，在理论与实践上更具洞察力的方法是我们确实都卷入了"既真实又强有力的意识形态之中"，"意识形态不仅是一种反映而且是引导其控制下的欲望的积极行为"。[②]

意识形态研究历经二百余年，呈现出历史的变迁。德国社会哲学家尤尔根·哈贝马斯就意识形态现代性提出了新的世界观，"决定精神概念的，不是绝对的反思活动中的精神本身，即，不是以语言、劳动和伦理关系表现出来的那种精神，而首先是符号化的语言、劳动和相互作用的辩证联系。"[③]结合对意识形态概念演化史的简要梳理，麦克莱伦认为意识形态既有法国传统也有德国传统并形成自己独特的思维逻辑，但是这个概念植根于有关意义和方向的一般的哲学问题之中。麦克莱伦指出，中世纪世界观的崩溃使西欧知识分子面临一些哲学问题，这些哲学问题受到新教的影响。新教主张依靠个人、良心自由和语词的改造力量，而不是重新肯定仪式的存在，一些法国的哲学家与专职教会解梦的君主专制政体作战。"意识形态"这个概念正是在1789年法国大革命之后，第一次被特拉西在法兰西研究院为传播启蒙思想的哲学而创立。在创立之初，意识形态概念有积极进步的意义，在《意识形态原理》一书中，

---

① [英]大卫·麦克里兰著.意识形态（第二版）.孔兆政，蒋龙翔，译.长春：吉林人民出版社，2005：2-3.
② [德]哈贝马斯著.作为"意识形态"的技术与科学.李黎，郭官义，译.上海：学林出版社，1999：4.
③ Juergen Habermas. Towards a Rational Society. Beacon Press，1970：99.

特拉西提出新的观念学将成为其他科学的基础。因此，意识形态观概念的全部历史特点就是它摇摆于肯定的和否定的含义之间。就德国传统来说，在德国兴盛起来的浪漫主义运动，使得特拉西强调理性心灵清楚区分自然界和社会领域，与特拉西不同的浪漫主义者认为，人类根据变化的环境创造自己的现实。

麦克莱伦指出，黑格尔的思想深深影响了马克思，年轻的马克思继承并发展了黑格尔思想，根据社会形态的变化来解释社会和政治思想变化。受到特拉西实证传统的影响，随后的恩格斯建立了关于社会的客观科学。麦克莱伦梳理了二战后，以特拉西的方式对意识形态进行客观科学的研究如何在西方，尤其是在美国盛行以及民族解放观念如何在第三世界国家强化了人们对这些观念根源和力量的关注。对于这些理论家而言，他们具有强烈的实用主义和经验主义，即通过对事实和语言惯用法提出众多世俗性问题来破除普遍存在的思辨，这就强化了意识形态概念的否定性含义。然而麦克莱伦认为，这种"意识形态终结"的研究路径，受到近三十年来的严重挑战。例如女权运动理论家指出传统社会是被男性化概念所统治，绿色政府质疑技术进步的整个观念等，更为激进的后现代主义认为社会真理、价值、真实等观念已被广告、消费者的选择和信息技术的混合体所消解。

2.3.2 马克思主义批判意识形态思想的思想传统

最初，马克思在使用"意识形态"这一概念的时候受到了许多思想学派的影响，特别是青年黑格尔派。不过青年黑格尔派强调的是抽象的宗教批判和政治批判，这些都局限于对思想的批判。马克思则将批判扩大到对各种现实关系的批判，并主张由现实出发去批判思想观念。黑格尔哲学成为马克思意识形态理论重要的哲学资源。正是因为受黑格尔哲学的影响，马克思意识形态理论最早的核心话语阵地是在哲学领域。布鲁诺·鲍威尔的宗教批判、费尔巴哈的人本主义、施蒂纳、赫斯的社会主义思想等，也都不同程度地影响了马克思的意识形态观的产生和流变。

马克思的意识形态观本质上来讲是意识形态批判理论，批判成为马克思的意识形态理论最为显著的精神实质。马克思用意识形态一词来指他在批判黑格尔唯心主义哲学时所反对的东西，比如虚幻的、虚假的观念等，剑指唯心主义、资源分配不均，强调意识形态的虚幻性。马克思在对黑格尔法哲学进行批判的同时也借鉴了黑格尔的辩证法思想，并逐步创立了辩证的唯物主义历史观。这一时期马克思的意识形态理论具有非德国传统的特征。比如在《德谟克利特的自然哲学和伊壁鸠鲁的自然哲学的区别》这篇论文中，马克思将意识形态与虚幻假设相提并论并进行了贬义的描述。如"我们的生活需要的不是意识形态和空洞的假设，而是过恬静的生活"。[①] 马克思在批判黑格尔的唯心主义时指出，必须从现实出发跳出本身就带有唯心主义色彩的观念材料的桎梏去批判唯心主义，不能受制于黑格尔体系，运用黑格尔的观念去理解黑格尔，这是有局限性的，因为黑格尔唯心主义哲学体系将本身就把"虚假性"的意识作为世界存在的前提和基础，而忽略了现实存在的世界。

马克思批判意识形态的德国传统的一个重要体现就是，马克思在论述方法上充分借鉴了以布鲁诺·鲍威尔为代表的青年黑格尔派的宗教批判，比如使用比喻和批判的方式，这给马克思的意识形态观提供了重要借鉴，比如经济基础与上层建筑，这种明显的比喻手法直到 19 世纪下半叶的晚期著作如《资本论》中都依然存在。这种宗教批判赋予了马克思的意识形态更生动的逻辑思维，马克思认为黑格尔唯心主义哲学历史观是一种将政治、宗教等历史范畴与现实的生产生活的认知模式"本末倒置"了。相应地，应该把现实的生产生活当做真正的历史，政治、宗教等意识形态只不过是人类生产生活的体现。这也成为马克思批判黑格尔唯心主义哲学的精神实质。沿着这一线索出发，马克思进一步探索了意识形态的形成过程，进而形成了马克思的唯物主义历史观逻辑。

马克思虽然借鉴了鲍威尔的宗教批判方法，但又对鲍威尔所坚持的意识统治世界的唯心主义谬论进行了批判。马克思明确指出，意识形态是具有客观性、物质性的理论范畴，意识形态是由客观的社会存在所决定的。要想推翻意识形态的统治必须推翻现实的社会生产关系。马克思通过《资本论》（1867 年）

---

① 马克思恩格斯全集（第 40 卷）.北京：人民出版社，1995：236.

展开了对资本主义意识形态的批判，并由此将意识形态的核心话语阵地从哲学领域转向了政治经济学领域。马克思通过对资本主义意识的批判揭露了资本主义社会资产统治阶级借由意识形态这一幻想的共同体来占据社会共同利益的本质。

沿着这条线索，马克思之后的马克思主义意识形态则出现了非德国传统与德国传统不同程度的交融，恩格斯、列宁等马克思主义者在革命实践中对马克思的意识形态理论进行了继承和发展。整体来看，恩格斯更加倾向于非德国传统，秉承意识形态与科学对立说。列宁则更倾向于德国传统，认为意识形态与科学具有相一致的特性。

恩格斯开创的意识形态理论具有与非德国传统中的批判传统有着高度契合，但同时又具有鲜明的辩证性特征。恩格斯将一般意识形态与无产阶级意识形态联系起来，并对马克思主义意识形态与虚假的意识形态理论进行区分。他指出，意识形态不再只是先于国家存在，而应作为国家机器的一部分。马克思主义意识形态不同于虚假的意识，它来源于人们的经济生活状况、生产方式和交换方式等，它对社会发展起到重要的批判作用。这一时期的马克思主义意识形态具有了批判的属性。

马克思、恩格斯创立了唯物主义历史观，并在唯物主义历史观的创立过程中确立了分析和处理意识形态方面时所应坚持的基本原则，即一切从实际出发、实事求是。马克思恩格斯时期的意识形态理论具有非德国传统中的批判性，通过对旧有的资产阶级意识形态的批判，避免了错误思潮对无产阶级革命运动的收编，适应了政治实践的需要。相应地，政治实践也为马克思意识形态理论的发展提供了广阔空间。但巴黎公社的失败让马克思、恩格斯及以后的思想家和革命家对马克思主义意识形态理论展开了更加深入的探索。经历了修正主义的一系列责难和攻击，马克思主义意识形态理论产生了新的转向。

从普列汉诺夫开始，马克思主义意识形态带上了中性色彩。普列汉诺夫将意识形态视为一般的理论体系并对意识形态进行了不同等级的区分。他认为，法学、政治等理论属于低级的意识形态，哲学、宗教、道德、艺术、科学等则属于高级的意识形态。当然，级别的高低划分来源于意识形态与它所反映对象的关系密切程度。由此，普列汉诺夫将哲学、宗教、道德、艺术、科学等一同划拨为意识形态，认为意识形态包含了科学而与非科学相对立。普列汉诺夫开创的马克思主义意识形态理论开始了从非德国传统到德国传统的转向。普列汉诺夫还在《论一元论历史观的发展》中提出了"意识形态的上层建筑"概念，并被人们普遍使用。

此后，列宁开创的意识形态中立说则逐渐失去了批判的力量，成为科学的意识形态，并进一步发展成为主流的马克思主义意识形态——社会主义意识形态。列宁开创的意识形态理论极大地降低了意识形态否定性的批判意涵，体现出对肯定性意涵的宣扬，并将意识形态视为所有阶级的立场和观点，成为具有一般意义上的意识形态观。列宁认为马克思主义意识形态是无产阶级根本利益的体现，阶级属性是马克思主义意识形态的鲜明特征。由此，马克思主义意识形态成为科学性与阶级性的辩证统一，具有鲜明的政治性取向。社会主义意识形态使马克思主义理论发展到一个崭新的阶段，并且推动马克思主义运动的发展以实现无产阶级革命斗争的胜利。马克思主义成为具有鲜明无产阶级革命属性的思想体系，并广泛而深刻地服务于无产阶级革命实践。列宁认为，社会主义意识已经成为保障无产阶级革命取得胜利的唯一基础，借由此，列宁宣扬了他的灌输理论，马克思主义意识形态的教化实质得到深刻体现。此外，列宁社会主义意识形态理论的建设性还体现在他认为苏维埃政权在进行社会主义文化建设的时候必须要积极汲取由资产阶级所创造的以及人类其他发展过程中创造的一切优秀文化成果。可见，意识形态理论已经是核心话语阵地，并且由政治—经济层面向文化—政治层面转移。

2.3.3 马克思主义批判意识形态思想的基本特征

马克思意识形态观经历了从批判到建设的变化，从非德国传统到德国传统的嬗变。早期马克思的意识形态观主要强调的是虚幻性，带有浓重的贬义色彩。而在对意识形态的形成机制和作用机制的探索过程中，马克思意识形态观则逐渐从侧重贬义的虚幻意识说转向了肯定的、中性的意识形态理论。

马克思意识形态理论总体上具有德国传统，但也经历了从非德国传统至德国传统、非德国传统与德国传统交融、非德国传统为主的嬗变路径。麦克莱伦认为，马克思总体上倾向于德国传统，"马克思之后的马克思主义"则是对德国传统和非德国传统的一种兼容并蓄式的发展结果。

探索马克思意识形态理论德国传统的嬗变特征，不难发现，马克思意识形态理论具有与社会实践，特别是与政治实践紧密结合的特征。从19世纪30年代以来的国际工人运动、19世纪中叶的共产主义运动、19世纪70年代的无产阶级革命运动、20世纪初的第二国际运动等可以看出，马克思意识形态理论一直在与政治实践紧密相连，在不断指导着政治实践的变革同时也在一次又一次的政治变革中修正、发展。

马克思主义意识形态理论的形成是一个不断发展的动态演变的过程。马克思主义意识形态理论从马克思的意识形态思想发展到马克思主义意识形态理论体系，并非一帆风顺，而是经历了一次又一次的斗争、修正、融合、完善。马克思认为物质决定意识，但以伯恩施坦等为代表的新康德主义派认为马克思的意识形态带有唯物主义一元论的倾向，带有伪科学性，甚至将马克思历史唯物主义扭曲成"历史宿命论"和"经济唯物主义"。他们认为，马克思过于强调经济和技术等物质存在的决定作用，而忽略了意识形态指导功能。"合法马克思主义"者的自由资产阶级理论已经偏离了马克思主义意识形态理论，也就是忽视了社会主义意识形态与资本主义意识形态根本相对立的事实，试图用阶级调和论来偷换马克思主义的阶级斗争理论。庸俗唯物主义取消了对意识与物质的区别，认为物质是唯一的存在，甚至连意识也是物质的，用极端的机械主义去认识和改造世界。孟什维克主义甚至支持帝国主义战争，反对无产阶级革命和无产阶级专政。

马赫主义强调了经验主义的重要性但由此将一切科学理论都当成假说，认为世界第一性的东西既不是物质也不是意识，而是感觉经验。考茨基主义秉承机会主义的理念，不承认革命的斗争手段，用折中主义来代替具有革命意义的马克思主义。无产阶级文化派大肆赞扬马赫主义，否认人类一切文化遗产，提出要创造新的无产阶级"文化"，否定党的领导，极力排斥无产阶级出身的知识分子，最终发展成为一个反马克思主义的文化派别。列宁通过一系列的文章和演说才将其予以瓦解，列宁鲜明指出马克思主义意识形态理论是党性和科学性的统一。马克思意识形态理论体系正是在对一系列思想理论进行实践基础上不断批判、扬弃、借鉴和融合才逐步建立起来的，这充分证明了马克思意识形态理论体系的内在张力。

小结

  总体来看，马克思的意识形态理论的德国传统主要有内容和形式两种体现。在内容方面，马克思与德国著作中体现出的意识形态与科学统一具有一致性；在形式上，马克思的意识形态的德国传统体现在马克思作品的描述方式上，倾向于德国传统的宗教批判。

  马克思主义意识形态理论经历了从马克思的意识形态到马克思主义的意识形态的传承与变化。马克思意识形态理论的核心话语阵地经历了从宗教批判、哲学批判、政治国家批判再到经济学批判的发展路径。唯物主义历史观成为马克思意识形态理论的奠基根本。在唯物主义历史观框架下，马克思在后期的著作中深刻揭示了意识形态的本质特征。必须要在人们的生产生活中理解意识形态，不能从想象出发。意识形态是人类发展到一定历史阶段的产物，社会存在决定社会意识，社会意识与社会主体的实践活动相互联系，相互影响。意识形态本质上是为特定的利益集团建立其合法性统治基础的关键所在。总结起来，意识形态具有认知性、实践性和阶级性三个基本特征。

  探究马克思主义意识形态理论并对其德国传统的线索进行梳理，就是为了更加深刻地去认识和理解马克思主义的思想内核以及嬗变逻辑，并从中总结出对新时代中国特色社会主义意识形态建设的启示意义。从马克思主义意识形态的德国传统以及其德国传统的嬗变历程来看，马克思主义意识形态理论体系的形成、发展和完善是一代又一代马克思主义者在经历了漫长的艰苦斗争的基础上建立的，是人类智慧的宝贵结晶。在当前思想活动日益多元化的时代背景下，必须充分重视马克思主义意识形态理论的重要价值影响力，不能简单地将马克思主义意识形态理论归为众多思想建筑中的一种。正是因为不同社会思潮的存在，马克思主义意识形态理论始终具有认识世界和改造世界的时代指导价值。尽管时代主题在转换，但马克思意识形态理论依然具有与时俱进的生命力，我们的时代依然会紧迫地并且长期地需要马克思主义意识形态理论。

第三章 作为批判意识形态思想逻辑起点的科学技术批判

19世纪后期,随着自然科学技术的发展,实证主义也在哲学领域产生深刻变革,不断衍生出一种技术理性,也就是科学技术决定一切的逻辑。这种技术理性作为新的意识形态占据社会思想的主导地位。麦克莱伦认为,法兰克福学派在对技术理性统治意识形态的强烈批判过程中,吸收了意识形态和科学技术在不同语境之下的联系和区别,进一步扩展了马克思意识形态批判思想的实质内涵。通过对这一问题的分析与探讨,不断丰盈其思想意识的崭新内涵,发展了马克思主义批判意识形态所涵盖的系统内容。现代社会越来越重视对意识形态的批判性研究。本书着力于概括麦克莱伦的马克思主义意识形态思想研究,结合早期西方马克思主义代表人物卢卡奇、葛兰西和柯尔施,再到法兰克福学派等学者的不同学说,将意识形态纳入科学的理性分析,反思其哲学旨趣与文化精神,形成气势磅礴的马克思主义科学技术的意识形态批判理论。

本章围绕批判意识形态的逻辑起点——科学技术批判展开研究,对其可能性、困境以及路径的实现等内容进行分析与探索。通过对麦克莱伦科学技术批判意识形态的逻辑分析,厘清科学技术批判研究的可能性与必要性,对现当代科学技术决定论的形成缘由与具体批判内容进行阐释,最终确立对科学技术批判的研究方向。通过对这一思想研究,丰富了意识形态科学范畴,发展了马克思主义批判意识形态涵盖的政治经济理论以及劳动实践思想。

3.1 作为批判意识形态思想的科学技术批判

20世纪60年代,很多欧美学者开始以"意识形态的终结"为题发表了一些文章,例如美国著名学者丹尼尔·贝尔出版的《意识形态的终结》等一系列著作。在贝尔看来,"意识形态的终结"这一提法并非初始于美国,而是在法国最先爆发了一场以"意识形态的终结"为主题的争论。在西方世界掀起这样一场声势浩大的社会思潮,究其原因在于列宁缔造了世界上第一个社会主义国家之后,社会主义意识形态与资本主义意识形态的对立就成了这个时代政治文化叙事的根本出发点。西方国家的很多知识分子对前苏联模式下的社会主义意识形态,都抱着朦胧的向往的态度。但是,斯大林时期前苏联所开展的社会义义模式,使这些学者开始反思与分析苏联模式之下的社会主义意识形态的本质。苏共二十大召开以后,赫鲁晓夫全盘否定斯大林的秘密报告更是将苏联模式下的社会主义意识形态的秘密昭告天下,使西方社会的学者认为社会主义的意识形态和资本主义的意识形态之间的对立,从根本上来说是虚假的,对此进行强烈的谴责与批判。然而,尽管在如此社会历史条件下所形成的"意识形态的终结"的社会思潮,不论是当时提出质疑的学者亦或是现在为资产阶级代言的西方学者,用这样的看法论述当时的社会现实,都是极其错误的。麦克莱伦认为,真正的解放绝对不会建立在控制的基础之上,不论是科学技术的批判意识形态还是马克思主义批判意识形态的理论家都在为此作出努力并取得了发展与进步,都在试图将意识形态和统治的合法性相联系起来。正如他所说:"意识形态或许是一个不可挽救的堕落的词,但我们就生活在一个堕落的社会当中,而且我们会继续牵连于意识形态之中,直到我们改进它。这意味着,尽管在原则上,意识形态会有一个终结，但这肯定是看不到的，甚至是在将来。"①

3.1.1 对马克思主义批判意识形态思想非难的分析

　　资本主义社会的早期社会形态多半是一种侧重对宗教和封建神学等进行批判，以及对形而上学的传统哲学进行分析解读，以进一步证实其意识形态存在的合法地位。在这种社会形态之下，意识形态自上而下地发挥作用。随着资产阶级夺取政权并建立起基本的资本主义制度之后，社会意识与之前相比有了一种巨大的转变和差异，这种合法性不是通过宗教和文化的行政力量自上而下的灌输，而是通过一种新的方式来在其劳动或是商品交换中自然而然所形成，"现在，财产制度已能够从一种政治关系变为生产关系，因为它已按照市场的合理性，按照商品交换社会的意识形态，而不再按法的统治制度把自己合法化了"②。与这种合法化观念一致的观点，是初期资本主义社会的意识形态自下而上地在市场经济的基础之上形成并发挥作用的。这种意识形态适应了近代科学的要求而取代了传统的意识形态。但是，到19世纪初期，科学与技术并未形成独立的风潮，蕴含其中的科学技术的合理性并未直接表现出来，并未成为当时所具有的意识形态的典型特征。

　　进入19世纪以来，资本主义不论是制度的优越性亦或是其刺激生产力发展的生产方式，都在早期资本主义制度所建立起来的法国、英国显露无遗。然而其中也不时应运而生一些与生俱来的缺陷和矛盾。马克思对此展开了政治的领域、特别是直指其根本的经济矛盾的意识形态维度的批判，尤其是对资产阶级当中的阶级意识的批判，这种批评显然符合当时社会情况并无可厚非。但是随着资本主义迅速发展，新的意识形态的问题开始显露无遗。19世纪70年代起至20世纪末，资本主义的发展呈现出了典型的发展特征：一是国家对经济活动以及政治干预有了一定规模的增加；此外，另一方面是生产力的不断提升

---

　　① ［英］戴维·麦克莱伦著.意识形态.孔兆政，蒋龙翔，译.长春：吉林人民出版社，2005：123.

　　② Juergen Habermas.Technik und Wissenschaft als "Ideologie".Frankfurt an Main: Suhrkamp Verlag, 1970：70.

使科学技术作为一种单独性的影响力显著上升，成了最为刺激生产的因素。这些趋向从根本上变革了资本主义在自由阶段的劳动和交往方式。在新的情况下，马克思从理论上已经表明了其与交换相对应的基础意识形态在实际上已陷入崩溃。私人经济对资本的利用是通过国家进行强制化与干预才可以实现，经济制度和政治制度之间的关系已经随之变化，政治不仅仅是一种上层建筑的形式，而是直接潜在地浸没于经济基础之中。在此基础之上，哈贝马斯指出马克思关于经济基础与上层建筑之间的关系的理论并不足以应对如此发展迅速的自由资本主义阶段，在超越自由竞争阶段的资本主义社会中，批判意识形态并不是限制在政治经济学范畴而是有了更宽泛的意义。

麦克莱伦认为，基于商品自由交换阶段的资本主义社会的早期阶段的社会意识及意识形态正在逐步地消逝，当权政府便亟须进一步建构某种具有公众影响力的以及权威合法的批判意识形态。这样的意识形态在哈贝马斯看来，是指取代自由交换的意识形态位置的一种补偿方式。这种方式并不单单是为资本主义市场条件之下的自由经济的交换方式服务，而是作为某种补偿的方式来弥补自由经济缺陷进而对政府行为进行说明，这些正是通过将技术和科学作为合法化的一种意识形态批判形式。马尔库塞也指出，技术与科学的进步可以充当为一种意识形态。不置可否地认为是科学技术这一独特的因素造成了生产力的相对过剩，即形成某种剩余价值，就进一步地驳斥了或否定马克思的剩余价值理论，使劳动过剩的理论遭到非议与责难，这是错误的。在马克思看来，科学技术推动生产力的发展，并且主要是以一种革命力量所出现。晚期资本主义所特有的巨大变革趋势，是科学技术成了维护资产阶级政治统治的一种意识形态。哈贝马斯谈到，正是基于这些因素，马克思的重要思想范畴即阶级斗争和意识形态，在晚期资本主义社会中，逐步沦为批判马克思主义的两大思想武器。

在麦克莱伦看来，西方学者对马克思主义批判意识形态的非难显然是错误的，但是，不论是把科学技术演化为一种新的批判意识形态的作用亦或是其对马克思主义的片面说辞，都有必要再进一步思考与把握，取其精华去其糟粕。麦克莱伦认为，科学技术的发展无法改变资本主义所固有的根本矛盾，剩余价值从表面上来说似乎将其隐藏，但是依然无法改变其是在生产过程之中的劳动异化，不论国家的干预还是管制，也无法摆脱其是经济发展中心的客观情况。资本主义无法战胜周而复始的经济危机，这些足以看出马克思主义批判意识形态的基本原则的重要价值。当然，在资本主义社会之中的科学技术作为一种新的批判形式，也需要内化并可以作为一种新的研究社会问题的思考角度。

3.1.2 "意识形态终结论"批判

麦克莱伦认为，对意识形态的终结的争辩很多是语义学上的，限制意识形态的内涵，甚至将其从西方社会剥离出去的企图，有两个最重要的假设和前提。其一是，第二次世界大战之后的很多杰出政治理论家将意识形态与极权主义之间作出某种关联。其二是，西方社会学家、政治学家试图将其与科学相对比，形成一种典型的科学技术意识形态来对现代社会进行批判。第二次世界大战之后，实证主义意识形态在西方社会尤其是美国等地颇为流行，即曼海姆所认为的意识形态无处不在并且对其进行限制性定义，强调其自身并非是意识形态。行为主义的影响波及美国政治学科和英国的语言分析等领域，行为主义意识形态强调影响因素追溯到拿破仑，并斥其是非理性而且反对追求物质利益，特别是在"意识形态终结论"这一场争论之中，有更多的实例的体现。

麦克莱伦认为，在战后的几十年里，由于西方资本主义世界学者一直以来将极权主义政治和苏联的社会主义社会形态建立起直接的关联，甚至指出"意识形态论"正是"马克思主义的终结论"。把意识形态终结论常常等同于马克思主义，这是所谓的最后一个宏大的意识形态，这种意识形态根本无法指导现代社会尤其是资本主义现代化国家的进程。曼海姆是关于乌托邦终结论的先驱者，他悲观地发出疑问："难道不应当把逐步将政治简单地归结为经济（至少现在有一种可以看清的趋势）、有意识地抛弃过去、抛弃历史时间的概念、有意识地忽略各种'文化理想'也解释为各种形式的乌托邦主义从政治舞台上的消失？"[①]之后的很多西方学者对此提出了更为激进的阐述，随着技术不断提

---

① [德]卡尔·曼海姆著.意识形态与乌托邦.李布楼,尚伟,祁阿红,朱泱,译.北京:商务印书馆,2017：301.

高社会的基本矛盾不复存在，阶级革命与阶级意识终将再次出现，但是意识形态在一定程度会消失，正如丹尼尔·贝尔所言，"意识形态曾经是行动的通途，如今已成为死路一条"。①贝尔强调将意识形态与宗教相比，强调意识形态是宗教的后继者，它们诉诸同样的信仰、激情和非理性。葛兰西认为意识形态和宗教有很大的相似性，但他对二者做出了定义界限。麦克莱伦认为，一些西方学者将意识形态和极权主义紧密联系在一起，将马克思主义直接视为一种典型的意识形态，而自由主义则是以意识形态的视角来说，是社会主义、共产主义和平均主义之类的虚弱对手，这显然就是典型的一种"肯定一类政治原则，而否定另一类"②的具有偏见性的见解。

在麦克莱伦看来，西方学界的另外一个重要的假设是将意识形态与科学技术相比较，进一步提出了适应晚期资本主义现代社会发展的一种合法性的思想理论。这里的技术理性更加侧重一种对过往经验的分析，诉诸有某种意识与现实的对立，科学实践方式是强调社会科学同自然科学的研究方式一样，这种观点具有浓厚的实证主义色彩。意识形态在美国的主流研究路径是以技术与科学作为认知途径，具有启蒙色彩与理性主义并以此推动社会发展。法兰克福学派的理论家指出自然科学和社会科学之间的界限早已经被打破，马尔库塞以最为极端的表述指出，技术理性是一种典型的意识形态问题，那么技术本身是一种意识形态的，用科学反对意识形态就成了无稽之谈。

总之，在麦克来论看来，意识形态的这一种论述有清楚而明确的具体内涵并且极富有权威性和强制力，在一定程度上被少数的话语权拥有者所把握。麦克莱伦认为，不能将马克思主义等同于某种意识形态，不能将乌托邦的社会主义终结当成是马克思主义的终结，把意识形态的消极含义看成马克思主义的内涵是片面而错误的。

---

① Daniel Bell.The End of Ideology//Glencoe.Free Press.New York，1960：370.
② ［英］戴维·麦克莱伦著.意识形态.孔兆政，蒋龙翔，译.长春：吉林人民出版社，2005：77.

3.2 "科学技术决定论"的理论困境

麦克莱伦认为，在对历史唯物主义的理解中，意识形态经常会被曲解与误读，试图将其误解为科学技术决定论。只有对陷入科学技术决定论的意识形态进行批判，才能够准确把握历史唯物主义的本真内涵，从而使社会主义现代化的批判意识形态更有力量。

在麦克莱伦看来，"科学技术决定论"从字面意思来解读，侧重强调将科学理解为一种决定一切的力量并且能够解决社会所有矛盾和问题；此外，认为科学家、技术学者能够把握人类社会的趋向与发展，专家、研究学者甚至能够代替企业家等并获得社会的主宰者的地位。其思想滥觞于20世纪伊始，随后形成了一种具有社会影响力的意识形态，并且在对历史唯物主义的解读之中不断地发展主导性的道路。

麦克莱伦认为，在马克思的历史唯物主义的视域之下，经济关系之中的生产力与生产关系二者之间的相互作用推动了人类历史社会进程。在这种社会基本生产关系的运作之下，显然，生产力会在生产关系的作用之下相对的发展而发展，根据社会需求的变化而变化，生产力始终是社会发展的根本源泉。按照马克思主义的看法，这样的认识如果得不到合理的阐释，历史唯物主义很容易陷入科学技术决定论的泥潭。历史唯物主义强调生产力的最为基本的组成部分正是生产者、生产对象以及生产资料，生产资料最为显著的表现方式是生产工具。其中最具有显著特征的是不断革新变化的生产工具，而在社会历史进程发展过程之中正是以生产的劳动工具为主的劳动生产资料来衡量社会的不同发展阶段，当然劳动工具的革新与否又由其中所蕴藏着的科学技术所决定的。所以很显然，马克思主义很容易被错误地阐述为是经济决定论，进而被误读为是科学技术决定论。为了能够正确理解历史唯物主义科学的解读方法，就要从根本上理解是什么原因形成了科学技术决定论的思维方法，并使其不断地上升为一种具有话语权的主导性意识形态。

在社会历史进程之中,不可避免地有很多的限制性因素和条件。马克思在对黑格尔的国家观进行批判的过程之中,确立了辩证法的理论内涵;在与费尔巴哈的人本唯物主义相对立之时,明晰了其唯物史观的基本立场,为了进一步阐述历史唯物主义的理论,会不时地疏忽对某些因素之间的辩证理解。比如恩格斯指出,"只有一点还没有谈到,这一点在马克思和我的著作中通常也强调得不够,在这方面我们大家都有同样的过错。这就是说,我们大家首先是把重点放在从基本经济事实中引出政治的、法律的和其他意识形态的观念以及以这些观念为中介的行动,而且必须这样做。但是我们这样做的时候为了内容方面而忽略了形式方面,即这些观念等等是由什么样的方式和方法产生的。这就给了敌人以称心的理由来进行曲解或歪曲……"① 这就是恩格斯为了对重要的观念进行论述而疏忽一些要素之间的能动的关系,当然也给了一些别有用心的人进行抨击的漏洞。毋庸讳言,又如马克思谈到,"手推磨产生的是封建主的社会,蒸汽磨产生的是工业资本家的社会。"② 马克思这一言简意赅的表达很直观地传达出其中心含义,也就是生产资料所具有的社会现实的意义之所在。

故此,很多马克思主义理论者错误地将其视为生产工具决定论。又如恩格斯所言:"在马克思看来,科学是一种在历史上起推动作用的、革命的力量。任何一门理论科学中的每一个新发现——它的实际应用也许还根本无法预见——都使马克思感到衷心喜悦,而当他看到那种对工业、对一般历史发展立即产生革命性影响的发现的时候,他的喜悦就非同寻常了。"③ 不难看出,马克思仍然强调科学技术的正面作用,而马克思主义理论者却曲解其本意并引申出更多层面的理解,将其唯物史观直接与科学技术决定论相提并论。马克思显然在对某个概念坚持运用辩证法的思路进行考察与解读,在《资本论》等著作中也对科学技术的片面以及消极的作用进行批判,同时指出科学使得工人的劳动在机器与生产力变革过程之中再度沦为资本的异化物与附庸物,当然这些解

---

① 马克思恩格斯文集(第10卷).北京:人民出版社,2009:657.
② 马克思恩格斯文集(第1卷).北京:人民出版社,2009:602.
③ 马克思恩格斯文集(第3卷).北京:人民出版社,2009:602.

读并未得到那些别有用心之人的重视与理解。通过对此进一步展开论述不难发现，厘清马克思以及马克思的传统理论者的所论述的内容尤为重要。

随着科学技术日益快速推动世界生产力的飞速进展，科学技术决定论作为某种社会意识传播与蔓延也愈演愈烈。20世纪70年代伊始，哈贝马斯谈到，"运用马克思根据自由资本主义社会正确提出的政治经济学的重要条件消失了。正像我所认为的那样，马尔库塞的基本论点——技术和科学今天也具有统治的合法性功能——为分析改变了的格局提供了钥匙。"[1] 哈贝马斯强调科学技术对现当代社会所起的直接动力与影响，并再次提供了巨大的思想助力以及理论来源。

麦克莱伦认为，我们理应以理智与客观的视角评判科学技术的作用，片面强调科学技术的单一决定性力量是具有一定消极影响的。一方面，单一将科学作为决定性力量的论述会导致唯物史观的科学方法论陷入一种机械的形而上学的泥潭，特别是将科学单纯地解读为自然学科就会更加忽视人文社会学科在社会历史进程中的潜在意义。另一方面，科学技术决定论会过于持续性关注技术领域中的所谓"某种物质"，导致彻底地丧失对人的关注与其所真正发挥的作用，人就被称为技术的奴役品，进而被物化使其没有途径实现自身的转变。

3.3 科学技术批判的理论意义

麦克莱伦认为，"意识形态在整个社会科学中是最难把握的概念。因为它探究的是我们最基本的观念的基础和正确性。"[2] 运用意识形态描述社会现实，以一种抽象思维将现实具象幻化为想象形态，这种方式能够客观地反映真实的世界，也就是说资本社会异化了人们的生活形式与交往关系。意识形态是一种

---

[1] [德]哈贝马斯著.作为"意识形态"的技术与科学.李黎,郭官义,译.上海:学林出版社, 1999:58.

[2] [英]大卫·麦克里兰.意识形态.长春:吉林人民出版社, 2005:1.

系统性的社会意识，它能够相对客观地反映社会经济与政治领域之间的内在联系。社会意识特指人们对社会存在即物质生活和活动方式的能动反映，包含各种不同的精神总和，表现为风俗习惯、意识形态、社会心理等形式。在这些社会意识的表现形式当中，根据是否能够反映社会经济形态和政治制度加以区分为非意识形态的社会意识和意识形态。意识形态特指反映经济形态和政治制度的重要社会意识。在麦克莱伦看来，两个世纪以来对于意识形态认识路径有两种，一种是意识形态与科学相对立，富有英国经验主义传统特征，强调马克思主义本身是一种科学。另一种是与历史主义传统相联系，具有德国特征，如黑格尔的绝对精神，曼海姆的不受拘束的知识社会学或者哈贝马斯的言语情境等。科学意识形态具有非常特殊的影响：一方面，它有助于形成拥有科学文化而富有重要地位的稳定群体；另一方面，它将那些无法理解科学魅力的人排斥出去。引起异化的原因不是科学技术，它是人的能力受到限制的表现，是人们对政治体系的无限希望和痛苦破灭的交织，只是因为取代异化现象加重了自我憎恶。

3.3.1 科学技术批判拓宽了马克思主义意识形态理论的外延

麦克莱伦认为马克思所描述的意识形态侧重两方面内涵。其一是指"虚假意识"，特指对阶级社会当中的意识形态虚假性的揭露，以此作为批判武器抨击黑格尔的思辨唯心主义和剥削阶级的意识形态。从字面上理解意识形态是虚假的并且是倒现着的，实际是指阶级社会中所有的意识形态理论。以人作为研究的出发点，并不是以现实作为出发点，这些具体的意识形态理论以虚假意识作为根基，只有在特定阶级社会中存在并起作用。其二是指"观念的上层建筑"，强调意识形态能够在一定程度上客观地折射出社会经济形式与政治制度。马克思、恩格斯从统治阶级视角论述意识形态的政治意义与阶级属性，提出意识形态不仅仅是纯粹的定义而是与社会现实进程密不可分，其具有深刻政治内涵和辩护性质，并且与特定阶级统治和社会行动相联系。因此意识形态具有辩护、欺骗和异化特征，尽管其具有普遍性特征，但本质是为特定集团利益或者社会秩序做辩护，并为现存秩序提供合法性论证。

麦克莱伦认为，科学技术是知识体系而并不一定能构成一种意识形态，这显然是延续了马克思视域下的社会意识，进而发展了法兰克福学派关于科学技术是一种意识形态的理论。正如他指出，"时至今日，理性已经被降低为技术性的手段，有关目的的讨论成为宣传的领域。关于社会目的的讨论已经被理性的工业化所替代，它成为技术领域的女仆。"[①] 马克思坚持赋予意识形态一种批判性质，法兰克福学派正是继承马克思这一观点，从认识论语境中把握意识形态和社会科学之间的联系，指出它们是启蒙运动以来深受理性主义思潮影响发展起来的。社会科学揭示社会的真实情况，意识形态在一定程度上掩盖社会现实。不论是社会科学的认识活动或是意识形态的掩盖活动都在一定的社会权力关系中进行，要推进社会科学的研究，必须深入考察意识形态。霍克海默、马尔库塞等人对社会批判采取的主要方式是试图对其意识形态做文章，马尔库塞首先认为科学技术具有意识形态的性质，哈贝马斯再次重申马克思主义的虚假意识这一批判本质，这一基本论点，指出科学技术影响下的意识形态通过各种大众媒介输出政治文化方式并主宰人们的现实生活。这种意识形态功能不仅能够美化社会而且为社会现状进行辩护，且破坏性极大，是一种强大的力量，它可以控制和操纵社会意识来限制人类的自由权以及自主权。也就是说"今天，统治的非理性已经成了集体生存的一种危险。统治的非理性看来只有通过政治意志的形成才能被克服，而政治意志的形成受普遍的和自由的讨论的原则的制约。"[②] 当代发达资本主义的时代特点逐渐变成了技术进步与科学研究主导的知识经济体，它们之间有着十分紧密的联系，科学与技术形成一种稳定的系统，不断纳入社会活动的每个方面。因此，科学技术成为第一生产力并且是形成剩余价值最重要的因素，生产第一线的劳动者的劳动力价值的日益减少和阶级意识显著淡化。"技术已经变成物化——处于最成熟和最有效形式中的物化——的重要工具。个人的社会地位及其同他人的关系，看来不仅要受到客观性质和规律的支配，而且这些性质和规律似乎也会丧失其神秘性和无法驾驭的特征；

---

① [英]大卫·麦克里兰.意识形态.长春：吉林人民出版社，2005：86.
② [德]哈贝马斯著.作为"意识形态"的技术与科学.李黎，郭官义，译.上海：学林出版社，1999：96.

它们是作为（科学）合理性的可靠证明而出现的。"①

麦克莱伦指出，科学技术之所以在资本主义后期演变成了一种意识形态，那是因为科学技术满足了人们生产生活的大量需求，提高人们对社会制度的满意程度，削弱了人们对社会基本矛盾的深入探究而保持安于现状的生活。然而，马克思认为，科学技术纵使在一定方面影响社会意识形态的产生、形成和发展，但从本质上出发，科学技术毕竟只是一种生产力，它们二者之间还是存在根本性的差别。科学技术与意识形态就是完全不相同的两个概念，它们所反映的对象不同。马克思指出，自然科学技术是研究大自然中的各种自然现象，各种运动规律的一门学科。自然科学反映了大自然的基本规律，物体间的相互作用，物质间的相互关系以及人与自然之间的关系。这并不能解读人类复杂多变的社会关系，所以从根本上讲科学技术就不是意识形态。意识形态可理解为对事物的理解、认知。从本质上讲，意识形态是人在现实关系中的抽象化表现，在阶级社会中，意识形态反映了人类的阶级与阶级关系之间的辩证联系。科学技术是一种生产力，它在技术革新的过程之中以知识形式存在，同时是影响生产发展的一个重要因素。它能够提高生产者的技能、体能与劳动工具等方面生产效能。物质的生产过程以及教育都离不开科学技术，随着科学技术不断深入对自然、社会进行改造，使它日益转化为社会实践之中最突出的生产力。在资产阶级意识形态大行其道的时代，要想进行理论变革，应当彻底反思"这个意识必须从物质生活的矛盾中，从社会生产力和生产关系之间的现存冲突中去解释。"②并且赋予意识形态以科学内涵，不断批判社会各种错误思潮，构建历史唯物主义的理论框架。社会变革的批判方式不能从剥削阶级意识形态的理论表述中找到答案，而需要从社会存在的现实矛盾中找到解决问题的方法。因此，马克思主义哲学作为无产阶级意识形态，是基于物质生活的矛盾建立起某种理论用以解释社会现实。马克思强调上层建筑可以发挥非意识形态的功能，也就是说生产的经济条件的实质性变化可以用自然科学的准确性来表明。另外，意识形态

---

① ［德］赫伯特·马尔库塞，著.单向度的人——发达工业社会意识形态研究.刘继，译.上海：上海译文出版社，2014，143.

② 马克思恩格斯文集（第2卷）.北京：人民出版社，2009：592.

的由来与发展有其内在客观规律,没有从根本上解决社会基本矛盾的意识形态,就无法从根本上变革社会现状的自身规律,也无法实现改变社会的发展方向,也就不具备任何说服力与影响力,更不必论及它的战斗力与批判力。

3.3.2 技术批判维度丰富了马克思主义政治经济的意识形态思想

麦克莱伦认为,马克思、恩格斯主要在否定意义上描述意识形态,赋予意识形态以批判意义,借以揭露资产阶级或者所有统治阶级的用以掩盖社会现实政治制度和经济体制的思想或理论,直击唯心主义历史观的虚假特征,揭示为统治阶级利益服务的意识形态本质属性。他指出,马克思意识形态贬义意蕴,一方面与唯心主义相联系,强调正确的世界观必须建立在唯物主义体系之中;另一方面与社会中的资源与权力分配相联系,并指出当社会政治经济不平衡矛盾显著提高时,其意识形态也会随之改变。哈贝马斯将马克思的批判意识形态内涵区别于马克思晚期以及恩格斯、列宁等的中性内涵,强调马克思的"思想的上层建筑"将失去理论的批判性。在马克思意识形态当中渗透了对其经济的影响和政治规模的批判。黑格尔建构的资产阶级辩证唯心主义为马克思的意识形态批判理论奠定了方法论之基础,与此同时为其批判哲学搭建了实践唯物主义的理论框架。马克思在早期著作中,揭示特定世界的宗教概念以及黑格尔国家观念的实质。黑格尔通过对主观思想的批判进而掩盖社会现实本质,淋漓尽致体现在他的国家观念之中。马克思通过对其唯心主义哲学批判,分析出意识形态的批判作用与意义。他提炼出黑格尔运用抽象思维的理性途径对法律、意识等主观思想进行批判的实质,进而转换致对客观实践的现实进行批判。通过批判资本主义国家社会生产关系进而建立无产阶级意识形态思想,也就是建立真正的社会主义意识。麦克莱伦指出,马克思批判意识形态就是面向对资本主义社会中上层建筑的批判,资本主义生产关系中固有的剥削和不平等被流通领域中自由交换的外表所掩盖,进一步产生自由、平等这一类典型的资本主义意识形态,是研究社会变革与经济问题的重要理论方法与主导线索。马克思在1859年论述意识形态的两种形式,分析意识形态与科学之间的关系时指出,"必须时刻把下面两者区别开来:一种是生产的经济条件方面所发生的物质的、可

第三章 作为批判意识形态思想逻辑起点的科学技术批判

以用自然科学的精确性指明的变革,一种是人们借以意识到这个冲突并力求把它克服的那些法律的、政治的、宗教的、艺术的或哲学的,简言之,意识形态的形式。"①在这之中马克思通过运用"自然科学的精确性指明"②的"生产的经济条件方面所发生的物质方面的变化"③的探索与"人们借以意识到这种冲突并试图使它冲破的那些意识形态的形式"④之间加以对照,进而为意识形态与科学做出了审慎的区分,研究经济学的批判维度,这也为我们把握意识形态与科学的关系问题夯实了理论基础。麦克莱伦指出,作为上层建筑的思想中,只有使宗派关系永恒化的部分才是意识形态。上层建筑包括意识形态和非意识形态两个部分,二者是既相互区分又彼此联系的。在西方马克思主义学者视角中,"意识形态国家机器"理论学说指出,上层建筑具有一种类似意识形态的功能,声称它们都可以为阶级统治所用并使之成为一种工具。

在麦克莱伦看来,二战结束后,科学技术的发展使其日益在当代社会发挥巨大影响力,在资本主义体系下,科技进步与人类价值的发展之间矛盾愈加深化,致使人类世界的"科学技术异化"。晚期发达资本主义国家的发展趋势特征显著,马克思根据自由资本主义社会提出的政治经济学的重要理论亟待发展。应对科学技术发展的新变化,西方马克思主义学者将马克思政治经济学批判转向了科学技术批判,研究了科学技术在后期资本主义社会中所起到的作用,利用对科学技术异化的研究进一步分析工具理性批判以及意识形态批判问题。当代社会实际问题的研究特征显著复杂,随着科学技术的发展使生产机器空前进步成为奴役人的统治工具,使当代社会呈现出了"非政治化"的特点。在哈贝马斯看来,在现代社会科学技术异化得越来越隐蔽,传统科学技术批判应转向为批判的解释学才足以更深层次应变现阶段复杂变化的实质,转换批判逻辑思维,运用批判解释学方法论深入对当代大众社会"非政治化"问题做批判性解读,丰富发展传统经典马克思主义政治经济学批判思维路径。哈贝马斯指出,

---

① 马克思恩格斯文集(第2卷).北京:人民出版社,2009:592.

② 同上。

③ 同上。

④ 同上。

"两种引人注目的发展趋势:第一,国家干预活动增加了;国家的这种干预活动必须保障资本主义制度的稳定性;第二,科学研究和技术之间的相互依赖关系日益密切;这种相互依赖关系使得科学成了第一位的生产力。"[1] 在这种发展趋势的根本性变革之下,资本主义制度结构也随之变革,即以科学技术和工具理性批判为显著特征的当代社会制度的政治权威代替了自由资本主义以劳动交换为中介的社会制度。科学技术以意识形态的角色在社会政治统治中发挥作用,并将其合法化作为社会治理的工具。随着发达资本主义社会的国家干预活动增强,资本主义原有的制度架构的合理性与社会自由劳动关系之间的相互作用产生质的改变,以平等交换为主要内容的传统意识形态批判转变成以科学技术作为主要的意识形态批判路径,使资本主义统治陷于合法性危机之中。意识形态作为社会上层建筑的思想体系是维系社会秩序的合法性的重要依据。传统政治经济学批判也就是说以公平交换为主要内容的意识形态批判针对资产阶级社会的批判理论,随着生产关系的因素多样性变革,不再直接地进行社会统治制度的批判。现代资本主义政治统治由此要求一种新的合法性即国家干预成为新的合法性论证。国家通过"补偿计划"取代自由交换的思想,该方案将资产阶级的公平交换思想与最低限度的福利联系起来,也就是保证劳动岗位与稳定收入相联系,使得按劳付酬的思想价值通过依据个人成就进行分配,维持个人稳定的社会地位,以此维护整个社会制度的稳定性。在此基础之上,国家不断投入人力发展科技,促进技术进步,不断增长社会财富,以此补偿工人的自由劳动权力,缓解阶级矛盾和社会消极情绪。在这个意义上来说,马尔库塞所提出的科学技术具有意识形态的作用,是指国家干预解决了自由交换所引发的社会问题,并且提供了合法性基础,一定程度上建立起社会成员对国家的支持度,科学技术以意识形态的作用替代了政治、艺术、哲学、宗教等的传统意识形态的统治地位,成为社会的主要参考坐标。

麦克莱伦指出,科学正如人类文明思想的传播一样发挥着意识形态的功能。

---

[1] [德]哈贝马斯著.作为"意识形态"的技术与科学.李黎,等译.上海:学林出版社,1999:58.

第三章　作为批判意识形态思想逻辑起点的科学技术批判

在特拉西观念科学的影响之下以及实证主义方法论基础之上，他认为社会科学要借鉴自然科学的研究方式，以客观事实作为研究对象，对无法通过事实验证的观念进行排除，使社会科学与自然科学具有同等稳定性地位，实证主义批判者反对将科学和意识形态的界限模糊，批判自然科学本身是意识形态的说法。法兰克福学派最重要的理论代表赫伯特·马尔库塞，马斯·霍克海默和西奥多·阿多诺等人对自然科学与技术持批判态度。霍克海默认为科学使得理性俨然具有工具特性，理性成为技术性手段并且通过工业化掩盖了社会目的，科学方法成为社会规范，"因为科学运行范围和方向，不仅是由它自身的倾向决定，最终也是由社会生活所决定的。"① 马克思主义理论者过于依赖启蒙运动对科学理性的信仰，以及将生产力的增长作为社会进步的标准，强调受科学的影响，理性的运用已经完全成为工具性。正如麦克莱伦所言，"过去的那些大哲学体系，无论有怎样的误导，至少在人类生活的目的上存在着讨论。"② 理性已然被降低为技术性手段，关于社会目的论述已经被理性工业化所替代，科学方法开始成为一种准则。因此，工具理性的破坏性自然要求建立一个以其他原则为基础的社会。

早期西方马克思主义创始人柯尔施等学者重启的马克思主义理论研究具有转折性意义，其中涉及意识形态领域研究更加凸显出其哲学维度，运用存在主义思维研究马克思主义的学者如萨特，法兰克福学派进一步坚守与发展了社会批判理论。阿多尔诺与霍克海默在社会批判理论的旗帜下，力图重整意识形态批判的哲学维度，他们选择了一条介于普遍主义和个体主义之间的第三条道路，既反对理性主义又反对经验主义，因为它们是以启蒙理性思想中实体化的意识形态来维护资产阶级的政治经济利益。启蒙理性的批判正是一种意识形态的批判，反对理性主义与资产阶级政治经济统治相联系勾结，与马克思恩格斯在《德意志意识形态》中的理论相辅相成。法兰克福学派第一代领导人霍克海默、阿多尔诺以及第二代领导人哈贝马斯等运用马克思主义理论的哲学维度，重新解

---

① Max Horkheimer.Critical Theory, Herder and Herder.New York, 1972: 8.
② [英]戴维·麦克莱伦，著.意识形态（第二版）.孔兆政，蒋龙翔，译.长春：吉林人民出版社，2005: 86.

读辩证法，关注作为个体的人以及文化，彰显作为主体意识的批判功能。霍克海默和阿多尔诺所开创的区别于传统理论的一种社会批判理论，即通过哲学视角进行意识形态批判，也就是运用启蒙理性或者工具理性的批判，力图实现一种倾向于具有否定性而不是同一性的辩证理性，丰富并发展了马克思恩格斯在《德意志意识形态》中的很多思想主旨。马尔库塞和哈贝马斯在社会批判理论之中注重对理性范畴的理解，在理性意识形态批判的进程之中，具有更多"跨学科"视野。法兰克福学派最具有代表性的历史功绩，即系统论述了"技术意识形态论"，强调技术不仅不再是主要生产力的积极要素，而且逐步成为一种生产关系，进而成为一种内嵌式的社会生活方式，在某种意义上决定着工业社会的历史进程。在实践层面上，须关注技术与政治话语权力关系的链接以及由此造成的意识形态效果，即物化或异化主题的另一种表达形式。在理论层面上，须认识清楚传统历史唯物主义之中的生产力和生产关系、经济基础和上层建筑之间的关系范畴。

3.3.3 交往理论的主旨拓展了马克思主义劳动实践的意识形态思想

麦克莱伦认为，马克思在19世纪中叶的资本主义自由发展的时代背景之下展开对生产关系的研究，通过强烈批判等价交换的合法性，提出劳动价值学说即劳动实践意识形态理论，以此揭露资本主义制度下自由的本质，即通过自由劳动契约缔结法律关系就是掩饰雇佣劳动为基础的社会权利关系。马克思认为，人们在自然界按照自己的目的，通过劳动过程改造着自然，满足其物质生活生产的需要。这个劳动过程即"物质实践"是最基本的人类的行为，也就是正确的社会科学实践的基本框架。因此，意识形态必须从物质实践来解释，离开了对社会现实的批判就会陷于纯粹的道义批判抑或是精神游离。统治阶级将其意识形态作为上层建筑的重要组成部分，能够为其统治实现合法化，马克思以浓重笔墨渲染对资产阶级上层建筑的批判。哈贝马斯通过交往理性即以相互作用为基础代替传统的目的理性，他强调不能只根据目的理性观察这个世界，而要注意到构成生活世界的两种基本行为类型中的另外一种，即除了目的理性活动以外的交往理性活动。哈贝马斯的研究指出，晚期资本主义是一种国家有组织进行调节的制度，这不但引起了统治规则合法性的问题，而且引发了统治规则合法性危机理论。哈贝马斯甚至把交流活动的关系变成合法性的基础。哈贝马斯认为，随着资本主义生产方式的发展，制度框架的合理性与社会关系系统联系起来。只有在这时财产才能从政治关系变为生产关系，因为财产本身的合法性取决于市场的合理性，即取决于社会意识形态的交流，而不是取决于政府的法律规则。"社会的制度框架仅仅在间接的意义上是政治的，在直接的意义上是经济的，资产阶级的法治国家是上层建筑。"① 所以，资产阶级作为一种自下而上获得合法权力的阶段，通过交往关系获得了新的合法性，由此产生了资产阶级的意识形态。哈贝马斯对传统观点并无较大分歧，但认为马尔库塞对韦伯指摘较为不妥，由于马尔库塞所说的科学技术具有政治统治功能，使得马克思基于自由资本主义社会所提出的政治经济学重要条件已经消失，马克思在理论上揭示的公平交换的基本思想也已经消亡了，对政治经济学的批判曾经只是资产阶级社会的一种理论。但是，当公平交换的思想崩溃时，人们就不能再直接批评具有正义合法性的政府体制。马尔库塞的技术意识形态论，并不能真的起到警醒大众的目的，会和资产阶级意识形态同流合污，与科学和技术一起按照同样的逻辑发挥着意识形态的作用。哈贝马斯的技术意识形态，反对技术统治论，承认技术可以发挥统治作用，但对技术生产力功能以及由此所带来的当代资本主义的新发展似乎更看重："以至于马克思学说的两个主要范畴——阶级斗争和意识形态——再也不能不根据情况而加以运用"，也即，"第一位的生产力——国家掌握着的科技进步本身——已经成了统治的合法性的基础。而统治的这种新的合法性形式，显然已经丧失了意识形态的旧形态"："一方面，技术统治的意识同以往的一切意识形态相比较，'意识形态性较少'"；另一方面，也比旧意识形态"更加难以抗拒，范围更为广泛"。② 哈贝马斯并不反对马尔库塞关于科学技术是一种意识形态的论断，他只是更为关注这种技术意

---

① ［德］哈贝马斯.作为"意识形态"的技术与科学.李黎，等译.上海：学林出版社，1999：54-55.

② ［德］哈贝马斯著.作为"意识形态"的技术与科学.李黎，等译.上海：学林出版社，1999：65、69.

识形态是如何给资本主义社会奠定合法性基础，并呈现出一种崭新面貌。

麦克莱伦指出，法兰克福学派为实现对现代资本主义社会批判的目标，进一步提出科学技术以革命性的力量维系资本主义统治的合法性，建构新的批判理论模型。哈贝马斯以工作和互动之间的差异作为理论起点，把理性工作或目的活动概括成为一种工具活动。工具活动通过技术规则对可观察的事件进行有条件的预见，以符号或者语言作为媒介进行相互作用即"交往"，交往以社会规范作为遵循准则。哈贝马斯在社会文化与制度结构之中区分了劳动与交往行为的特殊差异，在社会生活所限制的理性活动的子系统之间作出。在社会生活的框架之中人们的行为方式具有法律效力并且受法律限制，具有约束性和指导性特征。这些行为受目标理性活动的子系统所控制，也就是说，它们必须遵循活动模式和工具理性的战略模型。传统社会的制度框架必须基于宗教、神话或形而上学的法律解释，在一定程度上符合社会风俗伦理。在传统社会之中目的理性活动使其子系统获得有效范围内的文化传统合法性地位，使传统社会继续延续下去，这就表明制度框架的优越性。资本主义正是因为它定义了一种经济机制，该经济机制允许目标的理性活动当中的子系统得以继续发展，产生持续性的适应压力，这种压力"迫使每个人在其中受到熏陶的集团文化随时都能够从相互作用的联系转向目的理性的活动。"[①] 资本主义的生产方式使一种政治秩序获得了统治的合法性，另外利用社会劳动公平正义的基本问题加以巩固统治的合法性地位。

麦克莱伦指出，劳动与交往之间的区别涉及资本主义危机这个概念。马克思认为危机主要是在经济方面。哈贝马斯概括了晚期资本主义固有危机中的所有的类型，其中包括：理性危机、合法性危机、动机危机以及经济危机。以哈贝马斯的观点来看，晚期资本主义的经济危机是不可避免的，但是国家为防止它而采取的步骤却导致了理性危机。因为晚期资本主义与生俱来的利益冲突使其陷入自身无法克服的困境之中，国家干预实施之后引起公众怀疑，这就引起

---

① [德]哈贝马斯著. 作为"意识形态"的技术与科学. 李黎, 等译. 上海：学林出版社，1999：50.

了合法性的危机，因为国家干预也就意味着出现控制与选择的问题。唯一的解决方法是，收买具有最大权力的政党，或者创造一种新的具有合法性的意识形态。另外，不断增加的公共干预造成资产阶级社会发展的私人领域的缩小，因此，造成了动机的危机。在此之前，动机决定市场观念，市场被视作公平的价值分配者。这一扩展的危机思想，以及经济领域合法化危机，是对马克思历史唯物主义的很大改动。哈贝马斯的思想和法兰克福学派非常相似，他对马克思思想的修正，受到20世纪的法兰克福学派的社会工具理性、科学和技术理性的影响。除了操控客观过程的工具理性的合法目的外，哈贝马斯还指出，人们还有其他的两个方法解决合法性危性：以社会组织形式相互交流的实际目的，以及自我反思和自我控制的目的，也就是自律的解放旨趣。和许多法兰克福学派的成员一样，哈贝马斯对弗洛伊德的心理分析感兴趣，认为它是解放的典范。他提出，弗洛伊德的个人发展与人类发展之间有很大的近似性。正如一个自我组织比较弱的个体单位，对于某种形式的内部压力，要采用神经系统解决方案。因此，社会产生的意识形态是一种使不对称的权力关系的合理化，这种权力关系在语言上受到压制，忽视或扭曲。就像弗洛伊德的心理学家引导患者走向自我意识一样，批判理论也可以做到这一点：发现合法意识形态的来源。哈贝马斯认为解决合法性危机要借助于语言形式的意识形态，他认为语言编织出了社会各个外部表象，而语言正是通过不同的外部表象所联系起来。哈贝马斯对语言兴趣的独特之处在于：他建立一个用以评判意识形态标准的方式。他认为这种思想隐含于任何语言之中，因为言语行为本身就包含了一种理想的言语情境可能性的假设，在这种情境下，更好的论证力量就能决定这个问题。这是由于人们互相交谈的目的能够达成某种行为谅解。沟通的互动预先假设了参与其中的人肯定有四类有效性要求：第一，它们所说的内容是可以理解的；第二，它是真实的；第三，在上下文中它是合理的；最后，就是它要真诚地表达意义。这些条件的实现，只有在所有社会成员都有平等的机会参与讨论时才是可能的；也就是说，处理社会危机须要使这样一种沟通能力成为所有社会成员所具备的特征。如果技术社会的政策由公众来控制，那这个社会只能是一个理性的社会。哈贝马斯得出结论，对意识形态的批判并不是随意的，而是"社会行为和语言的结构所固有"，① 他强调只有在一个获得解放的社会中，发挥成员的自主性和责任感，使沟通发展成为非权威主义的、普遍实行的对话模式，我们双向构成的自我认同的模式，和我们关于客观现象真实一致的思想，都是在这种对话中不知不觉地获得的。到这种程度，语言陈述的真实性就构建起了美好生活所期望的现实。

综上，麦克莱伦认为哈贝马斯错误地将精神分析和社会解放并列，因为其中涵盖了一种从个人到社会的不合理的推论。在精神分析中，这个过程只是自愿合作的一种方式，未必是从社会控制中获得解放的情形。更重要的是，把意识形态和歪曲的沟通相等同不够准确，因为并不是所有的歪曲的沟通都是意识形态。过于关注语言和沟通能力会忽视物质生产的统治和阶级利益。如果获得的财富和地位并不是相应地平等，自由的沟通可能不足以保证获得一个解放了的社会。哈贝马斯"引入一种交往理论"，就是要为社会批判理论提供一种"规范基础"②，在这个规范基础上的意识形态定义不再是传统意义上的，至少也不是"基础—上层建筑"范式下的分属于上层建筑之中的意识形态，成为一种值得批判的现代马克思主义范式的意识结构。作为一种理性批判的工具，技术意识形态论要求在一个不同的规范基础上进行。在新的规范下，"劳动"的重要性被"交往"所取代，与之相应，"生产力"的重要性被"生产关系"所取代，"基础"的重要性被"上层建筑"特别是文化再生产所取代，"分配"与"剥削"问题被"生活方式"问题所取代。意识形态在所有这些领域即子系统中都存在，是交往行为的结构性因素，但却唯独失去了哲学批判的锐度。

---

① Jürgen Habermas. Knowledge and Human Interests. Heinemann, London, 1978: 314.
② [德]哈贝马斯著. 交往行为理论：论功能主义理性批判（第二卷）. 洪佩郁，等译. 重庆：重庆出版社，1994: 506.

小结

在麦克莱伦看来，意识形态的这种论述具有清楚而明确的实质内涵，并且极富有权威性和强制力，在一定程度上被少数的话语权拥有者所掌握。马克思主义不能等同于某种意识形态，将乌托邦式的社会主义终结当成是马克思主义的终结，将意识形态的消极含义贯之以马克思主义的内涵是片面而错误的。同时，麦克莱伦的思想提示我们，不能单一地将科学技术的发展与它作为社会变革的动力等同起来，而应该理智而客观地分析二者之间的联系。我们对于西方哲学家与社会学家在当代意识形态领域的研究成果，应该始终保持清醒客观的批判态度，不断地审视与反思其关于科学技术作为意识形态思想的合法性意义。

第四章　作为批判意识形态思想精神武器的宗教批判

马克思主义对宗教的批判分析对于当代世界至关重要，这是因为不论宗教的性质是积极抑或是消极的，它对当代政治领域的影响越来越大。麦克莱伦指出，伊斯兰教的强势影响，具有原教旨（即原始宗教信仰）主义的基督教对美国内外政策的消极影响越来越显著。世界上显然存在主要的宗教，它们的确有促进和平合作以及在社会中发挥凝聚社会力量的作用等传统意义，马克思主义对宗教批判的历史路径，促进了对宗教作用的辩证理解。

在麦克莱伦看来，马克思主义对宗教的批判是强大而有效的，比任何各种各样的黑格尔的逻辑主义或者是科学实证主义学派等的无味的解读，以及深受西方现代社会科学代表理论家诸如弗洛伊德、尼采等追随者们自我欣赏的分析与解读更加具有科学性，也要比之强大得多。

4.1 马克思的宗教批判思想

麦克莱伦指出，马克思对宗教的批判散落在其各种著作中，比较而言，并没有形成独特的体系。在早期著作中更多体现了宗教的性质是作为人的本质的异化的一些思想，详尽的阐述目标是指出宗教是被异化的人类的幻想。在马克思看来，宗教在人类历史之中发挥的意义，在于能够提供某种精神补偿。然而宗教的消极作用也不可忽视，这是因为费尔巴哈等揭示了宗教的真正本质，认为宗教是异化了的人的本质，但是又将宗教当成一种超越历史的新的神学范畴，陷入了另一种"爱的宗教"的观点之中。马克思的思想最为显著的特征是具有黑格尔浓厚的逻辑辩证主义色彩，启蒙理性主义的方法论研究态度，以及浪漫主义的悲悯特征。因此，宗教批判在马克思不同时期的作品中也具有广泛的内涵和特征，不论是从观念体系抑或是社会和政治层面，尽管缺乏一种连贯性的理论逻辑，但是"马克思对与宗教的很多评论是富有有洞察力和启发性的"。[①]

4.1.1 作为人的本质的异化反映

法国大革命的启蒙主义思想理念波及整个欧洲大陆，马克思最初的情感表露出对启蒙理性思想的推崇和追随，在其成长的过程之中马克思从近代启蒙思想家身上汲取了自由、平等与理想等价值追求，正是如此的信条使他坚定地反对德国封建制度的不公正以及宗教势力的压迫，麦克莱伦眼中的马克思，即"追求内在的自然主义的这份情感伴随着马克思的一生。"[②] 借古喻今，在他的中学阶段的作业当中的主题为奥古斯都的元首政治是否是罗马国家较幸福的时代，以此来表达政府应当具有极大的社会责任感来确保每个人的自由平等生活，以及发挥良好社会意识形态和风尚伦理的巨大作用。这些彰显了他在思想萌芽时期期盼人类共同所关注的幸福真谛。在他的博士毕业的学位论文主旨为伊壁鸠鲁原子问题探讨中，他强烈反对宗教的压抑并追求自由平等，从而使人类逃离出宗教的困顿。在1843年秋季，德国一个进步的知识分子代表团访问了巴黎，这些青年黑格尔派成员想把他们通过费尔巴哈对黑格尔的批判所获得的激进的人道主义与实践的进步政治学统一起来。在他们的国家，压抑的政治气候和关于社会主义诞生地是法国这一理念，不可避免地把他们吸引到了巴黎，他们的领导成员主要有卢格、赫斯和卡尔·马克思。

[①] ［英］戴维·麦克莱伦，著.马克思主义与宗教——一种对马克思批判基督教的描述和评估[M]. 林进平，林育川，谢可晟，译.天津：天津人民出版社，2018：40.

[②] ［英］戴维·麦克莱伦，著.马克思主义与宗教——一种对马克思批判基督教的描述和评估[M]. 林进平，林育川，谢可晟，译.天津：天津人民出版社，2018：10.

马克思进入大学是其思想发生转变的重要时期，他开始将其对黑格尔的热情转向了对于宗教的批判与否定。这个时期他与康德纯粹理性批判哲学分离，转而踏上了思索黑格尔辩证理性的批判哲学，在这一转变之中起到重要影响的是青年黑格尔学派，青年黑格尔学派没有像老年黑格尔学派过于保守地对待宗教政治问题，他们更具有激进的人文主义并坚守自由信仰，对宗教的教义等内容持批判的主张。譬如鲍威尔就是对基督教的教条进行强烈批判的反对者，马克思在他的博士论文中就深受其思想影响。

19世纪40年代，随着德国封建专制氛围不断盛行以及基督教会日渐保守，马克思放弃成为大学教师的职业转而投向了新闻出版业，并以此作为阵地进行对现实社会的批判，捍卫新闻出版的自由，很快成了《莱茵报》的主编。他不断地创作文章借以抨击德国封建专制和教会的压制，坚持主张"不应该根据宗教，而应根据自由理性来构想国家"①。此后，马克思转入了更为实证性的思索与研究，这个时期通过对黑格尔的理性哲学思维的批判，认为国家是作为理性主义的普遍意义的存在，批判国家对林木盗窃法案的漠视以维护所谓私有财产的享有者的利益，将国家贬斥为是其理性以及法制的对立面。这一时期他对社会现实的深入解读与分析，他认识到社会现实并未是真正意义上的黑格尔所构想的理性世界，国家并非是理性与法的代表者，与之相反，国家在世俗社会的私有资本的驱使之下，国家甚至法律都会成为资产者所行使权力的工具。马克思的早期思想体现出宗教是被异化的人类幻想，后期更加对宗教作为阶级意识形态和作为统治思想的反映要素进行批判。

4.1.2 作为一种反映阶级意识的意识形态

麦克莱伦认为，马克思特别翔实而具体的对宗教批判的论述是，"宗教是被异化的人类的幻想，这代表了他的早期思想。在后来的评论中，作为阶级意识形态和作为反映的宗教要素是主要的"②马克思吸取费尔巴哈的人本主义的

---

① 马克思恩格斯全集（第1卷）.北京：人民出版社，1995：226.
② ［英］戴维·麦克莱伦,著.马克思主义与宗教——一种对马克思批判基督教的描述和评估.林进平，林育川，谢可晟，译.天津：天津人民出版社，2018：39.

逻辑的方法论，强调在资本主义制度下，将人的劳动批判为异化问题，这些思想的转变宣告了马克思与黑格尔的所谓科学理性辩证哲学进一步分立，马克思运用人本学的思路将其哲学架构从理性国家观的神话拖入社会实践中来。在资本主义制度之中的无产阶级的劳动不能获得物质需求的满足，更不能获得自由而充分地发展，而是在资本催化下，人的劳动是被异化了的劳动。只有实现共产主义更理想的社会形态，人类才能真正享受人所向往的自由劳动，实现对资本私有化的扬弃以充分实现对自身的本性的满足。尽管马克思在这一关键转型阶段是从人本学角度对资本主义社会进行批判与分立，对社会阶段的发展进步以及共产主义阶段的实现做出了必然性的预判。当然这一阶段最重要的历史发现是唯物史观的确立并将其细化和阐释，而对于揭示资本主义深层次的历史性与经济性的原因还未能进一步阐述解答。这时马克思的思想充满了浪漫主义色彩和革命斗志，强调对资本主义现实的批判，希望德国工人意识到人自己本质的异化，从而以暴力革命冲破黑暗的资本主义制度下的社会现状。

在麦克莱伦看来，马克思初期对宗教的批判重点在于对异化的研究，而随着马克思历史唯物主义思想构建的关键性转折，尤以其较为成熟时期的作品诸如《关于费尔巴哈的提纲》以及与恩格斯合著的《德意志意识形态》，这些体现了对宗教批判思想的重大转变。他对宗教批判的核心视角由劳动异化转化成了意识形态视角，异化概念并未就此搁置，而是进一步引申至批判意识形态的核心理念，并强调其具有历史性背景或者民族性的渊源。这些都体现了马克思是在一种社会历史变迁的维度之下考量宗教异化方式的差异与不同。马克思开始摆脱费尔巴哈的人本主义思想，最终建构了唯物史观这一历史变革，将其批判的视角从基本的伦理道德转至其历史社会的本质问题。正如马克思对费尔巴哈的宗教观提出质疑，"费尔巴哈是从宗教上的自我异化，从世界被二重化为宗教世界和世俗世界这一事实出发。他做的工作是把宗教世界归结于它的世俗基础。"[①]

马克思与恩格斯共同致力于揭示基于社会的世俗基础之上存在的矛盾问

---

① 马克思恩格斯文集（第1卷）.北京：人民出版社，2009：500.

题，并在其社会现实实践过程之中找到解决这种矛盾的方法。显然，一味地追求对社会道德、文化以及意识形态的批判是不足以找到有力的批判视角，不论是黑格尔的神秘理性思想还是费尔巴哈的人的本质理论，这些都未能抓住社会现实的本质，也未能实现对资本主义社会进行彻彻底底的批判。所有对社会丑陋表象的揭示和对其道义的批判都是软弱可欺的，没有真正说服力的批判是无法唤醒每一个人的内心。在此阶段马克思和恩格斯共同对费尔巴哈人本主义进行批判，建构唯物史观的核心论著——《德意志意识形态》。本书将批判资本主义生产关系的矛头直指意识形态为核心的宗教范畴，与他们之前所共同一起研讨的青年黑格尔学派的那些哲学家和宗教学家等做出了长篇的批判与论战，阐释了其历史唯物主义的辩证方法论。

马克思深度分析经济学领域的生产方式以及国民经济学范畴，深受青年黑格尔学派的宗教批判的影响，尤其注重对施蒂纳的宗教批判的分析。这一时期他积极追溯资本主义产生异化劳动的直接和间接原因，不再诉诸对道德范畴的理解而是着重分析寻求社会现实的解决路径，始终立足于经济与社会实践进行科学研究。马克思主义历史学家和宗教批判家的主要研究目标旨在揭示宗教和社会现实之间的差异联系，不断进步的生产力和生产关系之间的相互作用，细化的脑力和体力劳动的逐步分化，以及阶级之间自下至上的不断的斗争等问题。马克思在这一时期评价宗教是："宗教从一开始就是超验性的意识，这种意识是从现实的力量中产生的。"[①] 宗教形同意识形态，只不过缺乏更多的自主的历史。这是因为马克思从青年黑格尔学派等学者之间的论述中找出了宗教问题的局限性，青年黑格派注重宗教变革，马克思通过对此反驳得出了宗教自身缺乏自主性的理论依据。

总而言之，在麦克莱伦看来，在传统的讲究礼貌的英国社会中，两个永远不能在餐桌上讨论的话题是政治和宗教。对于绅士社会来说，这两个话题太有争议了，然而"他们之间的关系对于全面了解当代世界是至关重要的。政治和

---

① 马克思恩格斯文集（第1卷）.北京：人民出版社，2009：587.

宗教的交织是我们所处危机的一个重要因素。"① 马克思认为随着共产主义的到来宗教将消失，正如他认为宗教是一种反映阶级社会意识形态思想的著名论述，"必须时刻把下面两者区别开来：一种是生产的经济条件方面所发生的物质的、可以用自然科学的精确性指明的变革，一种是人们借以意识到这个冲突并力求把它克服的那些法律的、政治的、宗教的、艺术的或哲学的，简言之，意识形态的形式。"② 具有科学属性的意识形态内容渗透到政治、法律、艺术和宗教中，而更高层次的宗教终会消亡。依照历史的角度来看，可能有好有坏的艺术，但不会有好与坏性质的宗教。

4.2 马克思主义的宗教批判拓展

麦克莱伦认为，马克思主义理论家们对宗教的论述显然是比马克思对宗教的批判要多很多。恩格斯成长在具有浓厚宗教信仰的家庭之中，早年时期他对宗教也是感兴趣的，在他晚年时期尽管马克思主义革命运动如火如荼地进行，他在对马克思主义世界观进行系统化以及推广的过程之中，面对很多压力和质疑。他进一步阐述了历史唯物主义理论，重申了关于经济基础和上层建筑的关系，并且指出了经济、政治和意识形态的相互关系，强调了经济因素的决定性作用，而作为与其基础作用相关联的宗教部分，在历史进程之中并未占据重要的地位，宗教更多是一种异化的幻想。

4.2.1 马克思主义与宗教的关系分析

麦克莱伦指出，马克思所使用批判宗教的武器的理论根基，正是黑格尔国家观理念、科学启蒙思想和浪漫主义等思维方法的结合，其宗教批判实质也是

---

① David McLellan(ed). Political Christianity: A Reader. SPCK，1997：1.
② 马克思恩格斯文集（第1卷）. 北京：人民出版社. 2009：592.

多变的，即从政治观念体系到社会流行信念的批判。恩格斯对历史唯物主义的阐述重申了基础和上层建筑这一重要关系问题，指出经济的、政治的和意识形态的要素和作用，尤其强调经济因素是最终起决定性作用的因素，作为基础之中的最微不足道的宗教以一种意识形态的形式在历史进程之中扮演着非常无力的角色。恩格斯以辩证唯物主义的思维方式批判宗教，"离开物质生活最远，而且好像同物质生活最不相干"[①]。宗教同法律和道德不同，不是简单地反映物质条件，而是作为某种虚幻的东西存在。社会主义法律和社会主义的道德是可设想的，但社会主义宗教是不可设想的。恩格斯对德国社会民主党的影响深远，尤以其《反杜林论》最为突出，很多社会民主党的知识分子开始转变思想走向了马克思主义的道路。

德国社会民主党的马克思主义更加富有科学实证主义精神，随着马克思主义思想的传播，19世纪末20世纪初，社会民主党的思想代替了基督教地位，他们主张批判建构一种制度化的宗教，恩斯特·海克尔继承了福格特、摩莱肖特和毕希纳等在19世纪五六十年代所普及的科学唯物论，于1899年出版了其《宇宙之谜》，使德国人转信达尔文主义即反宗教的唯物主义世界观。达尔文的生物学是马克思主义社会科学的解释路径，它建构一种充满自信的社会主义运动并且与伦理学维度相结合，使这种世界观更具有吸引力。达尔文的思想发展成为一种完整的解释宇宙万物的理论，社会民主党试图对一般的宗教和基督教给出历史唯物主义的解释使其服务于科学社会主义的原则。

麦克莱伦认为，西欧马克思主义相对于它所有明显的分化而言，在1914年之前它们是一个在政治和哲学上有着普遍共同目标的群体。但是第一次世界大战之后，社会变革产生了巨大影响力，马克思主义思想随之很快分立。列宁和考茨基的支持者各自走向了独立的道路，社会民主党和苏联共产党之间的裂痕显著，随后欧洲左派被分裂出来。西欧马克思主义革命失败以后，很多实践家逐步转向了理论研究，将对马克思主义的唯物论基本问题的研究转向了对社会的上层建筑思想的研究。学者开始探讨马克思理论的历史根源，也就是第二

---

① 马克思恩格斯文集：第4卷.北京：人民出版社，2009：309.

国际思想家所忽视的黑格尔学说。卢卡奇将物化概念引入了马克思主义的论述中，影响了宗教批判问题主旨，开启了全新的研究进路，有别于早期实证主义者一代强调宗教思想是统治阶级利益的反映。法兰克福学派更加注重意识形态的诠释与解读，进一步揭示了马克思主义传统宗教批判与上层建筑的很多问题，以历史等多维视角的论述引发了学界争论。

许多学者声称马克思是宗教思想家，用宗教术语描述了马克思主义。麦克莱伦坚决反对这样的观点，认为马克思的思想和基督教的教义并非有直接与间接的贯通性，尽管两者之间也有明确的联系。马克思本人具有犹太血统，他的家族根深蒂固的宗教思想会对其有潜移默化的影响。此外，欧洲这样具有传统基督教文化信仰的土地，滋养着马克思的文化教育底蕴；而黑格尔作为马克思启蒙哲学的第一任教师，其建构的整个理性主义是基于不断对宗教教义进行改革所形成的国家观念，马克思与黑格尔的宗教思想渊源也具有一定的联系。当然，马克思主义对宗教的批判一直以来都散落在其重要的作品之中，所以不论是从概念还是内涵的角度出发，把马克思主义看作是一种宗教的看法，都是极其错误和偏执的。例如在《卡尔·马克思的哲学与神话》一书中，罗伯特·塔克（Robert Tucker）运用类似于甚至比熊彼特的思维方式更加缜密地批判马克思主义和基督教的相关性。首先，他在谈到二者解决问题的方式都是对客观世界最为根本的一种解读。此外，他将二者都当作是对社会现实的历史性和经验性的客观描述，而且，塔克指出基督教对人类的解救与马克思所声称的对人类本性的自由发展有着异曲同工之妙。这些看似具有说服力的观点，却是塔克主要依据马克思青年思想启蒙时期受到宗教影响的相关著作，在麦克莱伦看来，塔克强调"几乎等于将任何形式的总体主义（totalitarianism）（如果马克思主义是这种主义的话）——甚至是任何'主义'都标定为宗教。"[①]因此将马克思主义视为某种宗教就陷入了形式主义的错误泥潭，未能从科学维度深入理解马克思主义的本质。

---

① 戴维·麦克莱伦，著.马克思主义与宗教——一种对马克思批判基督教的描述和评估.林进平，林育川，谢可晟，译.天津：天津人民出版社，2018：192.

毋庸置疑，马克思主义与宗教之间的明显相似之处仅仅是他们都包含了某种群众运动。然而，马克思主义是一门描述社会运动变化发展的科学，这一主要解释是第一次世界大战之前对马克思主义的客观论述。考茨基对此做了很好的陈述，科学仅与有关需求的知识有关。根据这种观点，马克思主义是一种分析工具，和宗教解决问题的方式并不一样。对马克思主义的另一种解释不仅是将其定义为一种社会理论，而且是对世界的概述以及对世界的看法。恩格斯在《反杜林论》首次对宗教进行了解释，并在苏联传统马克思主义理论界得到了广泛传播，将宗教叙事视为虚假或无意义的抽象。马克思主义作为一种科学的社会思想以及辩证唯物主义的科学方法论和世界观，麦克莱伦认为，马克思的思想看上去更多地同弗洛伊德或尼采哲学一样，似乎有某种宗教渊源，但事实并不是这样。世界的观念可以起源于宗教，而不必是宗教本身。费尔巴哈可以被认为是神学家，但马克思不是。马克思主义者批判宗教是基于科学实践的认识。从某种意义上说，马克思主义可以被认为是一种"世俗宗教"，但必须按照其自身的性质来对待，而不是被重新解释为某种宗教。

4.2.2 马克思主义对宗教的批判主旨

19世纪社会学理论的三大思想巨擘，迪尔凯姆（又译名为涂尔干）、卡尔·马克思以及马克斯·韦伯，他们开创了科学社会学理论的先河。麦克莱伦对马克思主义的宗教批判思想作了总体评价，并比较了这两位伟大的社会学家涂尔干和韦伯的思想，以突出马克思主义方法的特殊性。麦克莱伦认为，马克思宗教批判思想的主旨是以意识形态为核心进行论述的，具有典型的德国哲学传统研究特征，同时兼具欧洲大陆政治、经济和文化的影响，深刻揭示了人类的本性以及社会的本质。迪尔凯姆作为法国著名社会学理论家，他与马克思有着极为相似的研究背景。他们都深受法国及其欧洲大陆实证主义的影响，分别展开其社会学道路的探索路径。迪尔凯姆认为历史发展的显著特征具有限制性和阶段性，此外他对社会主义的表述较为同情和理解，正如马克思赞同圣西门的一些理念一样，他通过资本主义自由发展的过程中所呈现的问题来获取解决社会奥秘的钥匙，更为深刻地批判资本主义社会意识形态，在运用社会存在的公式来确定意识形态问题，比马克思具有更强的经济决定论的色彩。

在麦克莱伦看来，迪尔凯姆和马克思一致认为宗教的根基立足于社会内在结构的变化之中，迪尔凯姆更加侧重强调宗教具有一种对社会资源进行再次调整的属性，马克思则是彻底强调宗教对调和社会矛盾产生的根本作用并且能反映社会的本质特征。由此可见，宗教在迪尔凯姆的视域中显然是波澜不惊的，由于他对宗教解读较为浅薄，所以无法预见到其社会关系的剥削属性以及阶级矛盾等问题，更无法提出进一步解决社会经济关系问题的途径，寻求阶级斗争以及暴力革命等方式应对资本主义社会的根源性问题。他认为，资本主义社会能够发展为科学现代的社会，自身就理应具备处理社会复杂的矛盾和阶级冲突等问题，并且指出宗教具有现代社会的形式特质与其统一性。麦克莱伦强调指出，重新夺回社会主义的意识形态主动权涉及两个主要方面："首先，在工业扩张的背景下，有一系列关于人的需要的问题，即有可能对我们的环境造成无法弥补的损害。其次，有利于什么样的经济和政治体制。"[1] 马克思显然对宗教的思考更为激进，他认为宗教不仅是社会现实所反映的一种畸形歪曲的社会意识形态，是一种异化现象，未来社会的发展与变革必将分解宗教这一异化形式的存在，宗教最终会被社会意识的发展而超越。

迪尔凯姆批判马克思主义理论者过于粗略的经济决定论的思想，这些思想蔓延至20世纪的意识形态领域。一战之后，马克思主义在结构主义的影响下发展较为繁荣，普兰查斯受结构主义影响与迪尔凯姆对宗教解读也如出一辙，他认为国家是其社会结构进行调整和组织的具有某种宗教意义上的象征形式，其中的众多思想迎合资本主义社会并较好地适用于这种现代社会发展。考茨基对马克思主义的修正更突显新黑格尔主义形式的主旨而非结构形式。新结构主义马克思主义流派与迪尔凯姆的主张有异曲同工之妙，他们的主张不仅适用于西方井然有序的现代社会，而且也适用于其他类型的"共识型"体制。譬如，迪尔凯姆的方法可以应用于原始社会和非常现代的社会，在美国流行的宗教"信仰"有助于促进社会融合，它可以应用于现存的社会主义社会。总之，麦

---

[1] David McLellan (ed) Sean Sayer (ed). Socialism and Morality. Macmillan, 1990: 3.

克莱伦指出，马克思在面对宗教信仰和明显的群体冲突的问题时彰显着强大的生命力。

马克斯·韦伯在多种维度和视域下对马克思主义提出多种质疑，在一定程度上对马克思的唯物史观做出批判与评价，很多情形下他甚至倒戈于历史唯心主义的解释。他致力于研究中西方文化差别以及由此所带来的社会影响力，正是基于对中国传统儒家教义的解读和西方基督教教条的分析，力图揭示东西方精神主导的差别与特殊性，试图寻求基督教精神推动资本主义发展进而促进人类文明进程的特殊意义，依据宗教社会学的阶段性特征研究实现社会阶段性变革的根源，以此进一步强调西方文明具有的典型特殊意义。韦伯认为，在西欧社会以至于美国，社会经济关系发生重大变革，无法摆脱基督教的深刻影响。此外，启蒙科学理性主义思想加速了西方文明在科学、文化、技术等多方面的发展，并进一步推进社会治理和结构法律化、制度化和系统化，资本主义社会继承和延续的正是一种独特而显著的宗教精神。正如卡尔·洛维特批判韦伯时所说："资本主义精神的存在就是出现一种导向于理性生活行为的一般趋势，这种趋势只是由社会中的资产阶级阶层带来的，这个阶层在资本主义经济和新教伦理之间搭建起了一种选择性的亲和性。"[1] 显然，马克思将宗教理解为是一种较为低级的和初始化的社会认识，批判宗教是使人异化了的一种幻想，因此，在较为宽泛的理解层面来说，马克思对社会的历史进步与发展前景有着超乎寻常的预见能力和自信心。

总而言之，麦克莱伦认为，韦伯指出资本主义社会对于财富的追求，剥夺了它的宗教和伦理意义，往往与纯粹的世俗激情联系在一起。"自由主义所倡导的政教分离，使宗教信仰变成了私人事务。有人认为，在自由民主国家，宗教的影响是不适当的，因为在自由民主国家，决策的依据应该是人际关系的有效性延伸到社会的所有成员。"[2] 更普遍地说，对于一个宽容的消费主义者来说，竞争性的、以市场为导向的自由主义似乎削弱了基督教团结和社区的核心思想。

---

[1] Karl Lowith. Marx Weber and Karl Marx. London，1980：102.

[2] David McLellan(ed). Political Christianity: A Reader. SPCK，1997：171.

马克思是真正认识并解读了社会历史进步的逻辑，拨开弥盖社会发展虚幻意识的迷雾，以此阐述宗教使社会本质异化的各类虚假意识。这些虚幻意识形态的利益分属于不同的社会阶层，而并非是社会主流的且具有整体性特征的社会主义无产阶级的利益。"所有的宗教——不像所有的政治和所有的文学——都是一种异化，都是社会畸形体的一种征兆。这一观点进而导入某种世俗化的观点，即一种非宗教的因而更加符合人性的社会的可能性或者必然性。"[1] 社会事实的确未能如理论所阐述的愿景接踵而至，马克思坚持对宗教的批判，马克思主义者坚持构建未来社会主义的无产阶级的意识形态，马克思及马克思主义理论者一直坚信理性与现实最终会实现统一，尽管在短时间内宗教仍会以某种社会意识继续存在。

小结

麦克莱伦认为，作为批判意识形态思想精神武器的宗教批判，其根本意义在于厘清马克思对宗教批判的思想实质，以及马克思主义理论者对马克思宗教批判思想的进一步发展。通过对马克思的宗教批判思想的解读，厘清马克思主义与宗教的关系，阐释深受黑格尔影响的辩证的马克思宗教观念，能够以更丰富的社会科学方法讨论异化主题，明确宗教的社会属性，通过对宗教的批判，找到了马克思主义批判意识形态思想的精神武器，从而拓展了对各种非理性主义的批判和对资本主义的批判。

---

[1] [英]戴维·麦克莱伦, 著. 马克思主义与宗教——一种对马克思批判基督教的描述和评估. 林进平, 林育川, 谢可晟, 译. 天津: 天津人民出版社, 2018: 204.

第五章 作为批判意识形态思想目标旨向的文化批判

20世纪20年代，欧洲大陆无产阶级革命风起云涌，受俄国十月革命成功的鼓舞，革命似乎就要成功了。不幸的是，革命的势头在资产阶级的铁拳下很快被压制，甚至走向了彻底的失败。在总结革命斗争失败经验的过程中，一些欧洲国家共产党的领导人如卢卡奇、葛兰西等认识到，无产阶级掌握国家权力的斗争在政治上已经无望，在经济上也缺乏基本的条件；而在意识形态领域，工人阶级对社会主义的认识模糊，在关键时刻掉链子、退缩，无法形成坚强的战斗力。因此，革命成败的关键似乎在于共产主义革命意识能否成为大众意识，在于工人阶级群体文化意识的导向，在于文化领导权的归属。正是在这一反思革命失败的过程中，形成了所谓西方马克思主义，意识形态问题和文化领导权问题也被凸现出来。直至二战以后，这一问题越来越成为无产阶级和资产阶级斗争的焦点，也就形成了形式和思想各异其趣的意识形态理论。其中最具代表性的是以法兰克福学派为代表的文化工业批判的意识形态理论、法国结构主义的意识形态理论和英国新马克思主义的文化唯物主义的意识形态理论，这些为当代马克思主义意识形态理论研究留下了一笔宝贵的遗产。麦克莱伦作为英国著名的马克思主义理论研究学者，受到英国文化学派的广泛影响，他从意识形态角度深入研究了英国文化马克思主义思想，形成了独具特色的批判意识形态思想观点，他把批判意识形态思想的目标旨向看作是文化批判。麦克莱伦认为，文化作为重要的思想意识，具有强烈的意识形态属性，对文化的深入研究和认识，需要结合文化生产以及构成消费的文化产业结构来进行，因为文化在整个社会的人文气息与产业过程之中起着至关重要的作用，更是勾连唯物史观视域的重要桥梁。

5.1 文化批判的意识形态视角

文化研究是一种符号学研究，它将不同思想和流派相融合。例如后结构主义、后现代理论、马克思主义、女权主义以及后殖民主义思想，它更像是一场声势浩大的文化思想运动。葛兰西被称为马克思主义文化理论家，他重点论述了大众文化意识形态思想，并未回避文化与上层建筑的联系，更为注重政治的影响力，威廉斯深受其理解文化定位和作用方面的影响；20世纪30年代，英国文化研究开始活跃于成人教育界；20世纪60年代，伯明翰文化研究中心拉开学科性文化研究的序幕，文化研究由边缘走向中心。伯明翰学派的主要奠基人正是新左派成员，这些大多数的知识分子来自第三世界的英国殖民地。随着马克思主义思想在欧洲大陆的传播，意大利共产党创始人葛兰西和法国社会哲学家阿尔都塞等深受马克思主义的影响。文化批判在一定程度上具有浓厚的人本主义色彩，其根源在于它吸收了马克思学说中的总体性思想，把马克思的总体性思想引入文化和社会批判的领域；并且将文化批判和理性反思所具有的马克思哲学批判的内在精神发挥到极致，对现代社会的技术合理性、大众文化以及日常生活进行批判，把马克思主义的文化批判推进到更高维度的理论视域。

5.1.1 文化批判的意识形态"泛化"

20世纪之初，十月革命落下帷幕，列宁作为第一位将共产主义由一部小册子的文本变为一幅宣言目标蓝图的领导人，真正意义上建立起了伟大而影响世界的社会主义的国家。这个时代的意识形态的碰撞显然有了根本性转折，已经不再是资本主义作为统治阶级的意识形态大行其道的时代，资本主义与社会主义相对立成为这一阶段的意识形态领域最大的矛盾所在。西欧与美国的无产阶级、马克思主义理论的信仰者以及有着社会期盼的知识分子对苏联的社会主义文化、社会、风貌等意识形态充满了好奇与向往。在斯大林逝世之后，赫鲁晓夫在苏共二十大召开之后向全世界提出了他的秘密报告，将所谓的苏联的发展模式秘密与斯大林的"残暴"行径，以及社会主义的意识形态问题等公之于众；苏联在20世纪90年代一夜之间轰然倒台，使得西方世界的学者、社会主义国家的知识分子等都陷入了思想意识混乱不堪的泥潭。所谓的社会主义与资本主义在意识形态领域的对抗与矛盾好像是成了无稽之谈，这些知识分子将向往之情转化为了愤恨，并对此展开强烈的批判，试图寻求第三条道路——民主社会主义的道路。

二战之后，就是在如此之社会动荡的历史大背景之下，所谓的意识形态问题的客观研究是以特拉西的方式展开论述的，这在西方特别是在美国大为流行。法西斯主义意识形态对世界带来了极端影响，斯大林主义的阴暗面也暴露于世，这使很多人破灭了幻想，也促使人们再度关注这些问题的意识形态根源。在人们意识到并且对这些问题进行讨论的同时，麦克莱伦指出，"意识形态这个词具有明显的贬义，在思想上它与非理性相联系，而在政治上与极权主义相联系。"[①] 在这样的历史背景之下，"意识形态终结"这一观点开始盛行，意识形态的时代已经过去，持有此观点的人强调意识形态是一种特定时代的产物，它所属的时代是工业化变革的非常时期，伴随着这一社会的动荡与变革的完成，"意识形态"也会随之终结。显然，这种论述被现实证明是错误的，意识形态非但没有终结而且在人类社会历史、政治、文化轨迹之中到处都保留有深刻的意识形态色彩。也就是说，意识形态非但没有被终结，反而得到了人们更自觉的反思和研究。

毋庸讳言，很多西方学者在意识形态的研究中开始以多种形式，以及用更激进的模式即后现代主义模式反映着意识形态在社会生活各领域中的作用，社会中进而衍生为另一种意识形态理论的发展极端，即由"意识形态的终结"转

---

① [英]大卫·麦克里兰著.意识形态（第二版）.孔兆政，蒋龙翔，译.长春：吉林人民出版社，2005：10.

化为了"意识形态的泛化"理论,其表现形式主要是以文化理论作为输出路径。美国著名的马克思主义理论学者詹姆逊在《文化转向》中指出,意识形态的泛化是以文化作为表现方式无孔不入地渗透进社会的方方面面之中。首先,在西方马克思主义者的阵营中,出现了葛兰西对文化领导权的争夺的理论阐释。他首先意识到,在西方资本主义国家中发动革命,有组织的知识分子夺取市民社会的文化意识形态领导权具有社会实践价值。麦克莱伦认为,葛兰西"从马克思主义对资本主义社会的适用性的角度对其进行彻底的反思"[①]。他讨论了知识分子在现代社会中的重要作用,以及他们如何帮助组织一个由信仰和社会政治关系组成的网络,以确保被统治者的同意,麦克莱伦称之为"霸权";麦克莱伦得出的结论是,马克思主义的西方战略必须与列宁在俄国所采取的战略有所区别,因为在资本主义社会,资产阶级的霸权必须被削弱,无产阶级才能成功地对国家权力进行正面攻击。葛兰西认为,马克思主义是一个历史相对性的运动,它应该汲取欧洲文化史的精华。此外,法兰克福学派通过文化问题的研究展开了对意识形态问题的进一步的探索,强调对大众文化的极力阻挠与反对。阿多尔诺、霍克海默等代表学者指出,文化已经逐渐褪去了其本质面目,以一种崭新的文化产业形式出现在大众视野,文学、艺术等实现了大规模的复制并且投入生产。正如马尔库塞所言,在西方发达资本主义社会的制度之下,文化已然失去了文化的特征,成了单向度的文化;人类也失去了人的本质成了某种单向度的人,这些都异化成了统治阶级维护其统治的合法性的工具。此外,威廉斯等英国新文化运动的倡议者、也是著名伯明翰文化学派的代表学者进一步推动文化研究的热潮。尽管这一学派思想的形成也受到了上面提到的葛兰西和法兰克福学派文化理论的影响,但由于它主要是在英国本土产生并逐步形成世界性影响的,因而我们的论述自然应该详尽一些。威廉斯本人把文化研究理解为对当代人的整个生活方式的意义的探究,但实际上,文化研究主要触及的是传统文化研究所不愿意涉足的领域——大众文化及其表现形式,如电影,电视,通俗报刊、广告、购物等。正如朗西斯·穆尔赫恩所指出的:"文化研究从一

---

① David McLellan(ed).Marxism Essential Writings.Oxford University Press,1988:264.

开始就往往使政治消溶于文化。现在看来，就连一直游离于文化领域之外积极从事政治活动的雷蒙德·威廉斯也承认，他夸大了文化层面的政治潜在价值，他的理论著作中一直未能很好地摆脱这一倾向。"①

有趣的是，正是通过"文化"这一无所不在的媒介物，在西方国家，尤其是讲英语的国家内，传统的、总体性的、剑拔弩张式的意识形态概念被化解为无数的碎片而渗透到当代人的日常生活中。正如贝尔在评论克利福特·吉尔兹的《作为一个文化体系的意识形态》论文时所指出的："我认为，就强调意识形态的首要的文化的和象征的性质而不是把它看作对于社会结构的反映而言，尽管吉尔兹是正确的。他对这个术语进行了扩充，使其包含了为其拥护者提供出发点和意义的任何一套世界观，但是在这样做的过程中，他忽视了已经给予意识形态情感性和煽动性力量的那个特定的政治维度。"② 也就是说，在欧美国家，对马克思主义依然保有热情信仰的学者不断地拓展意识形态研究路径，致使意识形态的泛化思潮兴起，当然文化是一种具有极强包容性的词汇，它不断地消磨和稀释意识形态的批判功能和政治特性，使意识形态这一概念发展成为某种没有任何意义，空洞而乏味的文化概念。

这就深刻地启示我们，20世纪五六十年代，当英美知识分子提出"意识形态终结"的口号时，恰恰是意识形态最具发展潜力的时候；反之，20世纪90年代到21世纪初，当他们所坚持具有反抗意识的新的意识形态已经渗透到资本主义社会的每个细胞中，形成了"泛意识形态化"时，这种意识形态才真正走向衰弱和终结，这就是历史的辩证逻辑。

5.1.2 文化唯物主义的意识形态构想

文化意识形态是文化唯物主义的核心理念之一，而文化唯物主义是英国新马克思主义哲学的重要组成部分。文化唯物主义是指在历史唯物主义视域下探索研究文化主体与文化客体、文化生产与文化消费的关系及其基本特征，进而

---

① [加] 埃伦·伍德等.保卫历史：马克思主义与后现代主义.郝名玮，译.北京：社会科学文献出版社，2009：59.

② [美] 丹尼尔·贝尔.意识形态的终结.张国清，译.南京：江苏人民出版社，2001：506.

分析意识形态、思想观念体系、审美意识等社会现象的一种认识论和方法论。文化唯物主义自产生之日起，就把文化与意识形态这两个概念紧密联系在一起，立足于唯物史观的核心理念，理清了经济基础与上层建筑的关联形式与内在逻辑，把文化从上层建筑中相对独立出来，看成是联系经济基础与上层建筑之间的一个纽带，并通过文化生产实践发挥作用，从而赋予文化以客观存在的唯物主义性质。

文化唯物主义者之所以能够把文化与意识形态勾连在一起并形成文化意识形态概念，是因为他们认为意识形态是文化存在及其特性的反映。一方面，文化的存在本性决定了意识形态的内涵；另一方面，意识形态对文化的生产实践具有引导作用。在这个意义上说，文化意识形态是指在特定意识形态的引导下进行的文化生产实践，它既有作为客观存在的文化特质的内在规定性，又有意识形态本身的政治的、价值判断的以及目标导向的特质。文化意识形态是体现特殊文化内涵的满足人的价值诉求的思想意识与文化生产实践活动内在统一的表述。这一看法的产生，是基于马克思主义关于意识形态和文化的基本论断做出的。

我们知道，"意识形态"概念是由法国著名学者特拉西提出的，起先是作为一种审美判断标准来使用，并没有赋予其特殊的政治含义，也没有引起人们更多的关注。今天意识形态概念的政治泛化，是通过赋予其特殊的政治意识的产物。俞吾金先生通过对意识、社会意识和意识形态内涵的考察认为，意识是自然科学和社会意识的总体，意识形态则是依赖于阶级而存在的社会形态的社会意识，并且具有贬义特征。意识形态是"在阶级社会中，适合一定的经济基础以及竖立在这一基础之上的法律的和政治的上层建筑而形成起来的，代表统治阶级根本利益的情感、表象和观念的总和，其根本的特征是自觉地或不自觉地用幻想的联系来取代并掩蔽现实的联系"[①]。在马克思看来，文化形态是在一定的历史条件下产生的，具有服务于社会经济的功能。文化是统治阶级的工具并为其服务，为统治阶级意识形态提供合法地位。"意识形态"作为一种批

---

① 俞吾金.意识形态论.上海：上海人民出版社，1993：129.

判性的含义，是统治阶级表达其观念统治，掩饰社会矛盾、消除不公平的社会问题的一种手段。英国新马克思主义秉持马克思的意识形态批判理论，强调意识形态作为社会上层建筑的构成部分的作用，以此协调社会利益与社会关系，调整现存社会及其制度的合法化，维护价值体系的理想化，并将意识形态与文化相结合，把研究重心转向了文化批判方面。

意识形态与文化概念相互融合是可能的，这是英国新马克思主义者汤普森在归纳意识形态概念史时提出的一个重要看法。汤普森总结了从特拉西到曼海姆和马克思的各种意识形态概念，并强调了意识形态与文化概念结合的重要性和可能性，推进了现代文化理论的发展。麦克莱伦认为："摇摆于肯定的和否定的含义之间，是意识形态概念的全部历史的特点。"[①] 在他看来，理论家们持不同的意识形态概念，很少去关注在这不同概念中所包含的一些相同的而且很有价值的因素。自从意识形态概念进入学术层面研究以来，情况发生了很大的变化，意识形态概念逐步与文化概念相融合，意识形态 ideology 这个词也包括了"观念学"或"思想体系"的含义，它是由一组思想观念所构成。从广义的角度来讲，文化涉及人所参与接触或者可改变的一切范畴，从狭义的角度来看，文化特指人们的价值理念与思想。意识形态与文化层面上有相互影响的部分，边界并不明显，因此，当代马克思主义者就将二者相结合，如提出"文化—意识形态领导权"的西方早期马克思主义学者葛兰西，法兰克福学派的代表阿多诺，伯明翰学派的中心人物威廉斯等人，将意识形态与文化概念相互融合与归纳，这样使得意识形态概念增加了文化范畴和多维概念，以此开拓了意识形态的延展外扩，使其含义超越了其本身的意义，也使文化赋予了意识形态的政治权力的背景含义。

文化意识形态是一种由实践和期望构成的整体，它覆盖了我们生活的全部，是一种价值体系，从根本上说也是一种文化，这是文化唯物主义创始人威廉斯关于文化意识形态的核心理念。威廉斯在对文化做出深度解释的过程中，把文化研究的主体"细化"到意识形态的理论研究领域，这集中体现在他的《马克

---

① ［英］大卫·麦克里兰.意识形态.孔兆政,蒋龙翔,译.长春:吉林人民出版社,2005:8.

思主义与文学》《关键词》等著作中。威廉斯在历史唯物主义的框架内来梳理马克思意识形态概念的理论来源，厘定马克思主义意识形态的概念范畴，强调正确理解经济基础—上层建筑关系的科学任务，并充分认识到建构马克思主义意识形态理论的复杂性。

威廉斯从文化视角入手来审视意识形态概念的主要内涵，在文化唯物主义的理论框架中展开讨论。他认为，所谓正统马克思主义对历史唯物主义的阐释，无法满足文化意识形态问题的研究。因此，必须在文化唯物主义的新逻辑框架中重新阐释马克思主义意识形态理论的内涵。既要吸收欧洲大陆的西方马克思主义的思想资源，又要体现英国新左派的文化批判思想；同时，更要展现和运用马克思本人经典著作中阐释的思想内涵。威廉斯依据文化研究内容转换与丰富的内在逻辑，依赖于成长中的新左派的马克思主义基本理论，建构了文化唯物主义意识形态思想的核心内容。威廉斯的意识形态思想的建构，提出了一种新的马克思主义的意识形态观。

威廉斯立足于经济基础与上层建筑关系的基本命题，结合文化、上层建筑、感觉结构与领导权等相关范畴内涵的重新阐释，建构出一种基于对经济基础—上层建筑命题正确理解的总体的意识形态观。他把"文化"看作是一种客观的存在，把"上层建筑"看作是人们"感觉结构"的表现，把"领导权"看作是人的自由权利的实现形式，认为意识形态概念有三个重要特点：其一，"指一定的阶级或集团所特有的特殊信仰体系"[1]，强调意识形态的阶级性；其二，"指一种由错误观念或错误意识构成的幻觉性的信仰体系"[2]，强调意识形态的虚假性或扭曲性；其三，"指生产各种意义和观念的一般过程"[3]，强调意识形态的普遍性和一般性。意识形态所具有的这三个特性，都与人们对文化概念的不同理解相关联，都与人们的感觉结构相一致，也与文化领导权密切相关。所谓"感觉结构"乃是"一种现时在场的、处于活跃着的、正相互关联着的连续

---

[1] ［英］雷蒙德·威廉斯. 马克思主义与文学. 王尔勃, 等译. 郑州：河南大学出版社, 2008：58.
[2] 同上, 58.
[3] 同上, 141.

性之中的实践意识"①。从方法论的角度去分析,"感觉结构"一般被理解为一种文化方面的假定,用来理解某一段时期内的大众实践意识和社会经验。相对于文化、上层建筑等概念,"感觉结构"更能生动地表达人类实践意识和社会经验的在场性或进行时。威廉斯将领导权内涵扩展至不单单有"那些可以清晰表达出来的、较高层次的'意识形态'"②,也指被视为十分有效的控制方法,基本上都被引向了一种整体过程之中的现实与期盼,这一整体实际构成人们生活的全部内容。也就是说,每一个个体生命的所有感受与分配,都与主观自身以及客观世界的一切相联系并构成直觉与体察。因此,威廉斯得出一个结论,即文化意识形态是能够为人们所真实体验的价值意义和思想体系,使多数群体在社会实践之中构筑一种真实而绝对的感受与意义,归根结底来说这就是文化。

文化意识形态是组织人类的实践生活的一种方式,这是威廉斯的学生伊格尔顿在继承威廉斯思想的基础上提出的新主张。伊格尔顿坚持文化唯物主义的理论基石,接受威廉斯关于文化意识形态作为一种文化、一种价值体系和思想体系的基本看法,强调物质生产关系对社会存在性质的规定性和对社会意识的决定作用。因此,必然要坚持意识形态的阶级属性和政治含义。他坚持并强调经济基础与上层建筑的历史唯物主义基本原理,更为关注意识形态与经济基础各层次和上层建筑各区域之间的多重结构的复杂关系。在对意识形态范畴复杂性充分研究的同时,强调意识形态的政治功能和指导人的现实的社会实践的功能,提出文化意识形态是组织人类的实践生活的一种方式的思想,把意识形态不仅仅看作是一种目的,更是一种手段。正是意识形态的这种政治属性或政治功能并对实践的指导,才使主体得到并能够充分发挥其能动性,才能有效发挥意识形态作为社会上层建筑构成部分对社会存在基础产生重要影响,这就为意识形态批判奠定了坚实的理论基础。

---

① [英]雷蒙德·威廉斯.马克思主义与文学.王尔勃,等译.郑州:河南大学出版社,2008:141.
② [英]雷蒙德·威廉斯.马克思主义与文学.王尔勃,等译.郑州:河南大学出版社,2008:117.

5.2 文化批判的意识形态的多维路径

文化历史主义意识形态的分析方式更加注重意识形态分析,继承并发展"历史主义""辩证法"等唯物史观的思想本质。英美马克思主义学者如伊格尔顿、麦克莱伦、詹姆逊等都在以历史脉络的思维方式对整个意识形态理论进行马克思主义视域下的分析,借此呈现清晰的研究逻辑,分别是"虚假意识"批判方式、"阶级斗争"理论模式和"物化"意识形态。现当代意识形态被划分为四种理论研究范畴,分别是意识形态与国家,大众日常范畴,领导权范畴和科学语言异化范畴。英国伯明翰"当代文化研究中心"以研究文化唯物主义为根基,强调社会文化现象是一种物质存在,生产方式与整体生活方式。文化不是经济的副产品,而是与生产、贸易、政治一样发挥自身的作用。威廉斯指出文化是与日常生活紧密联系的经验形式,他反对将精英文化定义为空中楼阁而与群众基础为主要思想来源的大众文化相互割裂,进一步提升群众基础教育和群众性文化,注重文化在群体大众之间的意识形态方面的作用。文化唯物主义是以文化为研究核心,坚持英国新左派文化研究理论的立场,基于马克思主义意识形态的逻辑路径,推动创新马克思主义意识形态唯物主义的研究方法,展现出既有别于第二国际和苏联为核心的所谓正统马克思主义,又超越整个国外马克思主义尤其以法兰克福学派为代表的人本主义或者是阿尔都塞的结构主义的科学思想意识形态。文化唯物主义是具有独特内涵的唯物主义、阶级思想与政治意义的批判文化意识形态,同时融入了西方马克思主义的历史内涵、总体范畴与核心文化思想。文化唯物主义是以历史唯物主义研究视角对文化生产与消费探析,从而就社会现象诸如文艺、教育与传播过程所呈现出的基本特征加以审视考察,提供总的方法论路径。

5.2.1 文化历史主义承继了马克思历史唯物主义的思想精髓

马克思意识形态推演逻辑追溯至19世纪60年代到20世纪中期，最早的意识形态概念是以消除蒙昧意识为契机而确立的科学观念。随后意识形态被视为对社会存在的"虚假"反映，通过某种虚假意识来依托并作为一种社会意识，成为一种政治斗争的有力武器。"因此，在竞争中一切都颠倒地表现出来。在表面上呈现出来的经济关系的完成形态，在这种关系的现实存在中，从而在这种关系的承担者和代理人试图借以说明这种关系的观念中，是和这种关系的内在的、本质的、但是隐蔽着的核心形态以及与之相适应的概念大不相同的，并且事实上是颠倒的和相反的。"① 意识形态并不仅仅是掩盖现实的单一幻觉，而是建构社会存在的"无意识幻象"。正如乔治·拉雷恩对历史主义的概述，"现代普世理论从欧洲理性主体的角度看待'他者'，因此将一切文化差异都简化为它自身的一致；而历史主义理论则从'他者'独特的文化机制出发看待'他者'，因此强调差异和碎片化。"②

麦克莱伦概括地指出，在马克思唯物史观视域下，意识形态被视作一种使宗派关系固定化的上层建筑思想，这种思想是基于不同社会形态之下不同社会阶级结构所应运而生的多元化的意识形态。譬如在无产阶级群体之中所应运而生的资产阶级意识形态，这种思想意识对于社会主义意识来说不是幻象，也并非局限于资产阶级社会的表面意识。通过认识论理解"虚假意识"的批判性功能，"阶级斗争"理论模式可以理解为是功能论的分析范式。詹姆逊强调谴责本质论的阶级性和资产阶级意识形态，运用"阶级斗争"功能论分析范式旨在揭示在阶级斗争之中"意识形态"所赋予的合法性内涵。物化意识形态是旨在揭露人们的大众活动或者日常生活之中被重新解构的感受、想法，人与人的关系物化为人与物的关系或者是物与物的关系。

在麦克莱伦看来，20世纪60年代，卢卡奇大部分长篇著作主要集中在文

---

① 马克思恩格斯文集（第7卷）.北京：人民出版社，2009：231.
② ［英］乔治·拉雷恩著.意识形态与文化身份：现代性和第三世界的在场.戴从容，译.上海：上海教育出版社，2005：194.

学批评领域,在他生命的最后阶段主要探讨社会本体论问题。他对"阶级意识的强调及其在革命党中的体现,革命党的理论和实践将突破资产阶级社会的具体形式显然反映了列宁的政治思想。"① 这方面的工作继续对马尔库塞以及20世纪60年代后期的学生、激进分子作家等产生了相当大的影响。阿尔都塞的意识形态思想与国家建构相联系,是一种国家机器上层建筑的思想意识,通过质询方式将意识形态当作符号机器被内化于意义与真理的意识形态体验之中。阿尔都塞的多元决定论演化是以复杂的多元决定方式论述总体结构,并且以总体方式对经济进行分析,具有建设性地透视属于社会的多个问题层面,厘清多个方面内部的自主性。詹姆逊指出意识形态国家机器突出实证主义,更着重通过社会学视角阐释唯物主义理论,重点论述意识形态的发展和演变影响了社会的具体制度的建构。这样的论述方式就是通过意识形态研究路径分析具体社会实践问题,将抽象的价值观赋予了具体意义,使大众生活即日常活动的意识形态成为研究对象。比如消费也是具有意识形态特征的,相较于传统意识形态更加刺激了社会再生产能力。通过对具体社会问题加以分析,重点把握意识形态作为社会意识对社会存在发挥积极的主体影响力,将人作为社会的主要研究主体,发挥大众意识形态思想传播的作用。

　　文化历史主义运用马克思主义逻辑分析社会实践的具体符号的微观特征,探索文化分析范式,开拓批判意识形态空间,深入研究人类文化符号和思想意识。阿尔都塞所创立的质询研究方法开启了对意识形态的具体建制以及实践内容作进一步探讨,厘清晚期资本主义社会之中,人们在社会实践中的日常行为规范及其模式。例如医院、学校、部队等具有符号内涵的政治色彩的意识形态。通过研究社会日常生活意识形态,将意识形态政治范畴融入了非政治因素,增加了社会日常生活形式,化解了其截然不同的差异。社会实践模式和文化生产具有更为广泛意义上的意识形态特征,然而对具有政治符号的实践机制和运行体系的研究有危险性。语言作为一种人们表达方式的媒介,对语言学研究衍生出了结构主义分析范式,运用科学理论对潜在的、不变的语言系统或结构提炼

---

① David McLellan(ed).Marxism Essential Writings.Oxford University Press,1988:246.

出个体所运用的语言模式，通过与内在的意义体系相联系，进一步分析所有的社会的知识活动。语言异化分析方式成为当代马克思主义意识形态的重要研究方法，通过人类沟通媒介的语言进行分析，而不指向经济或者政治分析。这是意识形态实践框架下的一种符号研究，将实践增加具体内涵即话语实践，话语包括文学传统和文本模式，以及生活日常用语、网络传播用语等。语言以媒介形式建构意识形态的制度，当然其主要分析对象无法完全解决主体与制度性结构之间的中介困境，这是因为话语所有者从自身立场所得出的结论不同于其他主体的结论，话语所有者就不能归纳为是同一个主体。

综上所述，运用文化历史主义路径分析强调意识形态的历史性特征，文化历史主义意识形态研究方法主要强调其历史性。马克思主义为人类做出了哥白尼式的历史影响力的贡献，提出了人类思想和文化的历史主义线索，揭示了人类的思维和科学是受到一定历史条件与社会发展的限制。意识形态分析方法未能真正意义上继承马克思历史主义的方法论，例如，虚假意识的形成就是受到具体社会与历史条件的局限，当然这种局限性下产生的虚假意识的原因未能得到清楚解释。此外，文化历史主义意识形态研究方法侧重总体性的特征。马克思主义不是单一的哲学体系，而是理论与实践的统一，也就是说我们都处于意识形态之中，全面而总体运用辩证的思维看待意识形态，审视这样一种外化的认识。这种外化意识不会单一存在某种具体领域或受到时代的局限之中，我们要运用历史总体的视角来认识。

5.2.2 文化唯物主义对唯物主义思想方法的丰富

麦克莱伦认为文化作为一种社会独特的思想意识，文化生产和消费构成文化产业的重要结构组织。在更为广泛的层面来说，文化在整个社会体现了人文气息，在文化产业过程之中分析文化符号要立足于唯物史观这一研究阵地。威廉斯文化实践分析，是指他评析电影、小说等的社会影响力，始终结合文化内涵，并基于文化唯物主义研究基调，这体现了文化经验与实践整体的价值。大众文化经验与实践的整体性文化观是其意识形态分析方法的重要研究思路。

马克思主义文化理论的重要精神品格是整体性文化观，文化整体性影响研究文化的基础范式。威廉斯认为通过不同思维路径把握文化内涵与实践，不能单一地片面分析文化现象，而应致力于社会结构的全局之中，特别在社会存在基础之上分析和研究各种文化现象。此外，以文化为主旨分析实践，不应仅仅重视精英文化即小众知识分子所生产的文化现象，更要关注当代商品社会中以大众消费的形式出现的文化现象。霍尔致力于对文化的政治分析，通过文化认同寻求身份认同并且更多倾向于运用结构主义分析意识形态，不能忽视文化认同进程之中动态性也就是不确定性。同时在这一认识进程之中始终贯彻唯物史观的政治经济分析方法，并非是先验或者超历史错位研究路径。霍尔正是力图超越经济决定论的意识形态路经，同时打破文化精英主义的意识形态研究模式，依据葛兰西、阿尔都塞等人的理论基础，并借鉴后现代结构主义思维研究逻辑，进一步解读批判意识形态的研究理路，不断创新发展马克思主义思想。

第二次世界大战结束之后，西方文化研究思潮不断涌现在马克思主义理论家的视野之中。唯物史观的研究方法作为文化意识形态理论的研究基础，文化与唯物主义相结合是一种全新的研究视角，填补了苏联马克思主义主流学说的空白。英国早期马克思主义流派追随苏联学说，注重"经济学上的推理"和"政治上的允诺"，忽视了文化这一主要研究方法。文化唯物主义重建了马克思未完成的文化理论研究路径，吸纳了欧洲大陆西方马克思主义丰富思想资源，同时描绘了具有文化新左派的理论图景。霍尔运用社会功能的研究重新建构马克思主义意识形态理论。他通过文化研究的两种范式分别是文化精英主义与结构主义，反对传统马克思主义经济决定论一刀切的思想；强调文化在社会中潜移默化的影响力，使思想意识概念赋予超越结构主义范式的优势；着重强调决定性条件，深入分析不同层次抽象性的社会结构及其关系，即整体或者说是由个体所组成的统一体。厘清意识形态内涵不能只强调经济决定性与其阶级属性，也不能只强调传统马克思学派所理解的经济还原论与阶级还原论。

新左派马克思主义理论家建构文化唯物主义整体性文化观，是基于"经济基础—上层建筑"的反思和批判所贡献的方法理论。在威廉斯看来，马克思的"经济基础—上层建筑"的论述非常重要，上层建筑的复杂性不能单纯地依靠决定论形式的公式所表述，其中涵括人类复杂而多样的意识问题；意识问题是具有历史特性的，不仅是过去的延续而且是现存的反映，所以意识问题具有虚假性。

意识形态是上层建筑的思想核心，通过文化的形式表现出来，具有依附性与隶属性；意识形态蕴育于文化传播的过程之中，体现上层建筑的复杂性。威廉斯指出评判意识形态要基于经济基础与上层建筑的唯物主义视域，即在历史唯物主义语境之下对文化问题的探讨离不开意识形态，所以文化上层建筑的意识形态概念只是依附性和派生性概念。威廉斯提出意识形态的替代性概念，即"感受结构"和"领导权"两种全新的概念。感受结构侧重一种社会经验或者是文化假设，相比于上层建筑、文化这些生硬词汇，其更加生动地表达人类实践意识和社会经验的在场性或进行时。"领导权"范畴涵盖并超越文化概念和意识形态概念。它强调人类生活过程的整体性，批判一种只是表达某一特定阶层利益的价值体系的意识形态，反对以一种相对正规而表述清晰的信仰体系遮蔽并掩盖了社会生活之中未得到清晰表述的思想意识。

5.3 马克思主义文化意识形态思想的实践

文化意识形态是提升和完善"大众的文化审美"的实践路径，伊格尔顿是这一思想的主导者。作为年轻一代的文化唯物主义者，伊格尔顿认为大众文化意识形态是现代社会最核心的问题。社会分裂和信仰分歧造就了一代颓废的人，不仅使工人阶级的阶级意识淡化，而且使其思想意识极其混乱，无法形成思想统一的战斗力量。既无法构成对资本主义意识形态的批判，也无法构成对资本主义霸权的反抗，更谈不上完成推翻资本主义制度的使命。因此，通过文化意识形态的大众化传播过程，有效提高工人阶级的阶级觉悟，着力培养无产阶级革命的新主体，这是至关重要的事。正是出于这一认识，伊格尔顿主张"大众文化主义"和意识形态的大众实践。在他看来，人民大众的文化需求和政治需求，只能在大众文化实践的过程中来实现，在"大众文化主义"和"理想文化主义"之间寻求正确的文化传播途径和实践方式。这一方式只能是"大众文化审美主义",其最根本的特点就是以英国文化特色的唯物主义为前提,讨论和解决"大众文化"问题,深挖其中的政治意义,通过大众审美教育活动,积蓄革命力量,开展革命斗争,实现革命的目标。

5.3.1 文化意识形态理论的大众传播实践与途径

文化意识形态只有转化为大众意识,转化为大众文化,才能发挥其引领社会实践的功能,这是英国新马克思主义文化意识形态思想的理论基点,进而提出了如何正确理解"大众"和"大众文化"的问题。威廉斯在《关键词》中指出,"大众"这个词具有正反两方面的内涵:较保守的内涵意指社会实质结构中社会地位和道德水准都处于下层的社会阶层;而在社会主义思想中,大众则具有正面内涵。在当代社会,大众具有了更多社会意涵,如革命内涵"群众工作""群众运动"等;再如政治思潮术语"大众传媒""大众心理"等。按照威廉斯的说法,"大众文化"具有三层含义:一是"为了人民群众";其次是"反抗具有权威的欣赏性趣味";第三是"依赖于社会市场"。

威廉斯的说法强调了马克思主义文化意识形态要通过大众文化的形式和途径来传播,是大众的文化实践。威廉斯所说的"大众文化",包含着丰富的含义,是"大众"和"文化"两个词内涵的集合,并不是二者简单的相加。这是威廉斯整体文化观和文化即生活方式思想的具体化。"大众文化"首先是人民群众的文化,它是人民群众的创造,依赖于人民群众来发展,满足人民群众的需求;"大众文化"包括了人民群体正在做的或者曾经做过的所有的事情,包括社会习惯、风俗与民风等,涵括了他们的生活方式的一切内容;"大众文化"作为名词也意指统治阶级用来控制与管理附属阶级的工具和方法,具有强大的意识形态性。"大众文化"也意味着对抗,它相对于统治阶级的文化而存在,与社会占统治地位的文化之间,具有持续不断的对抗,反抗权威;"大众文化"相对于所谓高雅的文化形式而出现,受人民大众的喜爱,与他们的教育水平相适应;"大众文化"依赖于社会市场,大批量的社会消费和实际生产,为人们所喜欢。它相对于小的社会群体、小众的文化形式而存在和出现。不难看出,威廉斯关于文化意识形态基于"大众文化"实践和传播的认识,以其丰富的整体思想和具体的实践方式与途径,提升了马克思主义文化意识形态理论的学术地位和实践功能。

马克思主义的文化意识形态是人民大众反抗文化霸权和政治霸权的意识和手段。斯图亚特·霍尔作为文化唯物主义的承继者,"因文化理论和意识形态分析而著称"[①],他从文化政治学的视角,进一步推进了文化意识形态理论的发展,主张在反抗霸权的意义上来发展马克思主义的文化意识形态理论。霍尔继承了威廉斯的"大众文化"思想,强调多元链接的意识形态实践机制,认为文化和政治霸权是通过意识形态的社会作用来实现其霸权理念的。因此,无产阶级和人民大众反抗霸权,必须通过马克思主义意识形态的大众文化实践来具体实现,并做了深入的思考和论证,为我们提供了一条通向其大众文化批判和马克思主义意识形态大众化的通道。

霍尔坚持马克思主义的立场来发展大众文化。一方面,他主张自下而上地研究文化意识形态;另一方面,他主张对文化的"商品逻辑"分析。自下而上的研究方法是对精英主义自上而下的文化模式的挑战,是英国新马克思主义历史学派的基本主张:强调与底层人民的密切联系,反映人民群众的需求,为人民而歌颂,为人民反抗霸权的斗争而创作,为无产阶级革命和意识形态的实践而斗争。霍尔特别强调文化意识形态的阶级性,并"把它放在其他如种族、性别和年龄的斗争之中"[②],以此来重构文化关系,形成文化政治的新形式和新组织,形成对葛兰西霸权概念的新的解读。在霍尔的文化意识形态理论和新霸权理论中,突出文化关系的重构,就是要不断组织人民群众积极地参与到文化活动和文化实践中,改变文化参与主体的构成要素。通过重构大众常识或大众意识的活动,用"链接"手段推进大众文化意识自主性的形成与发展,引导文化意识形态功能的发挥,改善其运行机制,争夺文化和政治领导权,彻底改变资本主义社会的文化主导形式,强化马克思主义文化意识形态思想对资本主义

---

① Lawrence Grossberg. History, Politics and Postmodernism: Stuart Hall and Cultural Studies. Journal of Communication Inquiry, 1986: 64.

② Lawrence Grossberg. History, Politics and Postmodernism: Stuart Hall and Cultural Studies. Journal of Communication Inquiry, 1986: 69.

的批判。强调反抗霸权和人的解放思想，主张通过斗争来实现人的平等性和社会的公正性，建立一个美好的社会主义的社会。

5.3.2 意识形态批判与争夺文化领导权的实质

从以上的讨论中可以看出，英国新马克思主义的文化意识形态思想有着强烈的政治目标，他们把文化意识形态作为一种手段，以此唤醒人民群众的革命意识，争夺文化和政治领导权，实现无产阶级的政治目标。

我们知道，一个社会的主流意识形态就是在一个社会中占统治地位的思想，也就是统治阶级的思想。马克思恩格斯在《德意志意识形态》中指出，"统治阶级的思想在每一个时代都是占统治地位的思想"[①]，因此，"任何一个企图代替旧统治的新阶级"[②]都必须有自己的能够赋予其普遍形式的思想，以此来动员人民群众，推翻旧的统治，掌握领导权，包括政治的、经济的和文化的领导权。

当年葛兰西提出系统化的文化领导权理论是有特殊指向的，其目的在于重新凝聚起革命的力量，推翻资产阶级的统治。在葛兰西看来，掌握文化领导权不能靠空洞的说教，而是要进行实实在在的斗争。葛兰西认为市民社会与意识形态的联系十分紧密，市民社会是行使文化领导权功能的主要场地，而意识形态则是占领这一场地的行动意识。因此，要把无产阶级的意识形态通过新闻、媒体、学校、教会、社会团体等组织，贯彻到市民社会中去，进而通过国家机器来实现无产阶级的政治目标。

对于英国新马克思主义来说，把文化与意识形态连系起来探讨的时代背景与葛兰西大为不同：它是在既要推翻资本主义的腐朽统治，又要批判苏联教条主义的马克思主义的状况下开展的，是基于唯物史观建立的文化唯物主义的框架中进行的。因此，他们特别强调文化唯物主义是文化领导权思想的语境和基础。这就是说，他们首先把文化意识形态作为一种科学的思想意识来思考和研

---

① 马克思恩格斯文集（第1卷）.北京：人民出版社，2009：550.
② 同上。

究，要使它成为关于人的文化意识的科学认识，并把文化领导权看成是文化唯物主义的题中应有之意，而不是把它硬塞到这一理论之中。这样一来，文化意识形态理论就在其科学解释的范畴中，把领导权看成是感觉结构与意识形态之间的或者是二者相结合的有机概念，加强了感觉结构的整体性和现实性，补充了权利场域的缺失，填补了意识形态领域的权利与斗争，既体现出阶级特性，又具有科学的说服力，使人民群众能够把它作为一种科学的认识来接受。正是在这样的意义上，威廉斯强调"文化领导权的实现是一个来自社会各方的力量赢得价值共识的过程"，是共同文化理想所追求的目标，也是通过协商过程实现的相互认同，从而达到一种多元文化共享的社会状态。

文化唯物主义认为，文化领导权的多种价值因素的融合与共同文化的融合具有特殊性，"尤其是融合在一种重要的文化和一种有效的文化秩序中。这种融合的过程在文化上是十分重要的。"[1]文化领导权的融合注重社会权力场域中的妥协，强调支配性气氛形成的理性基础；共同文化的融合侧重于不同社会团体之间的认同，在差异性中求得共识，体现求同存异的思想意识。这体现出威廉斯一贯坚持的统一与整体文化观的政治取向。政治领导权是一种主导成分的单向传播，而文化领导权总是处于一种主导成分与对立成分之间活跃的互动和构型的过程之中，政治领导权更加以静态为主，文化领导权则是以动态为主要表现形式。

为了探究文化领导权的复杂性，威廉斯区分了文化的三元动态结构，分别是统治的、残存的和突现的文化活动形式。残存文化特指历史活动中，扎根于城市及宗教和乡村的活动样式之中，对现行霸权体系构成抵抗和挑战。突现文化孕育着一种新的社会秩序的可能性。残存文化与突现文化都进一步区分为替代性与对抗性两类，替代性文化在现存霸权范围内寻找共存空间，强调对抗性文化取代现存霸权文化的可能性。威廉斯的文化领导权的三种文化进程思想实现了传统、制度和构型的有机结合。他把传统看作是继续存在的过去，在实践中传统是最为有力的实践方式，是社会文化领导权最为明显的体现，为人们提

---

[1] Raymond Williams.Marxism and Literature.Oxford University Press，2002：115.

供了基础性的认同机制。他强调文化领导权需要规范的制度和机构，突出了社会中的智力因素和艺术生活实践在文化领导权争夺中的作用。总体来说，英国新马克思主义强调文化领导权的争夺不能忽视对现实社会结构的准确把握，更不能忽视文化创造和文艺创作。应把对社会的认识、文化实践和生产以及意识形态斗争，置于整个现实社会发展的语境之中进行思考，以此推进马克思主义的发展，进行有效的文化和政治领导权的争夺，将文化领导权引入更深层次的现实的文化实践和运动之中，而不仅仅是一种赤裸裸的政治斗争。

5.3.3 资本主义现代文化意识形态批判的意义

英国文化主义批判意识形态显著特点是厘清大众文化的历史渊源与大众文化分化的重要实践场所，为文化的社会建构进行有效的探寻。在伯明翰学派看来，文化内涵并非是单一的人所创造的不同的文化产物，而是一种文化上层建筑的机械决定理论；也不能单纯地理解为自上而下的、单向度的教化活动即异化形象。这是一种文化精英主义论述，正如法兰克福学派与英国文化研究的早期理论观点。认为一种文化主体在社会建构的过程中应该注重过程的开放性与动态的经验性。正如汤普森强调："意识形态仍然是一个批判性概念，一个批判工具，它使我们注意一些往往在日常生活中可以引起批判和陷入纠纷的现象。"[1]

大众文化视角是英国式的社会批判的重要工具，大众文化是进行批判性社会研究的重要途经。大众文化是动态的、冲突的和变化的场所，区分特定情境下意识形态介入程度的一种分析工具。霍尔指出通过以下条件建构大众文化：一是通过语言为主的文化符号系统，"因为意识形态领域总是充满了矛盾和斗争，而且个人总是会受到其他话语和实践的限制。"[2]；二是在某种具体的社会情形之下，与此相应地展开一种表现力强的文化社会活动，进而发挥社会批判意识形态的作用，"意识形态就是声称某种具体的文化活动是对现实的表征。

---

[1] ［英］约翰·B.汤普森著.意识形态与现代文化.高铦，等译.南京：译林出版社，2005：81.

[2] Lawrence Grossberg.History, Politics and Postmodernism: Stuart Hall and Cultural Studies.Journal of Communication Inquiry, No.10, 1986：67.

然而这一表征建构却并非现实,而是我们和它们之间的一种关系,是我们生存和体验现实的方式。意识形态构建了人类体验到场所和结构。"[1] 霸权概念指由于文化关系领域的重构会引起一些社会冲突,"霸权不是普遍存在的当前斗争,而是发达资本主义、大众交往和文化的链合政治"[2] 卢卡奇提出的阶级意识和葛兰西市民社会中意识都直指大众意识,应重视意识形态的政治性内涵,并赋予文化研究以意识形态思维方式进行分析,即把思想介入社会实践以实现其政治内涵价值。在语言学的研究者中将意识形态视为一种描述性概念并未能充分发挥其作为分析工具的重要功能,显然未能完成其政治性使命。葛兰西的著述正是一种较为低层面的政治性学术关照,这种关照有其具体的针对性,直指面对社会常识或者大众层面,阿尔都塞对其的系统化是在不同程度的抽象主体之间且具有不可还原性。

当代西方马克思主义的文化研究按照研究范围来讲,呈现出递进和迁移的特征。首先是脱离于文学的文化研究,它紧密联系整个大众文化与当代传媒关系,包括消费文化、大众传播媒介。其次,通过文学研究"文化批判",扩大传统文学研究范畴,保留跨学科、跨文化的性质,重视大众文化直观地批判分析和阐释,同时保持其对固有精英文化批判立场。最后,将文化批判与社会生产、政治权利相结合。伊格尔顿在马克思主义文化与当代社会研究背景之下,继承了威廉斯文化唯物主义的政治批判理论。与此同时,他在英国本土经验主义和实证主义熏陶之下,通过引用洛克等经验哲学的例子建构并证明其文化批判合法性的逻辑基础,并进而向文学概念的内涵引申。伊格尔顿强调,"文学理论具有无可非议的政治倾向性。所谓'纯文学理论'只可能是一种学术神话。作为有着鲜明的意识形态意义上的文学理论绝不应当因其政治性而受到责备。"[3]文化是人类所取得的最优秀的精神品格,并不是所有人的生活和思想,更不是

---

[1] Lawrence Grossberg.History, Politics and Postmodernism: Stuart Hall and Cultural Studies.Journal of Communication Inquiry, No.10, 1986: 67.

[2] Lawrence Grossberg.History, Politics and Postmodernism: Stuart Hall and Cultural Studies.Journal of Communication Inquiry, No.10, 1986: 69.

[3] [英]特里·伊格尔顿著.马克思主义与文学批评.文宝,译.北京:人民文学出版社,1980:38.

所有人都有条件企盼的普遍存在。文化是人类智慧之光,它使上帝的意志和智慧得以体现,它的社会功能在于控制没有受过教育的民众及其生活和思想。正如恩格斯强调,"英国工人阶级的历史是从18世纪后半期,从蒸汽机和棉花加工机的发明开始的。"[1]

在马克思看来,不论是何种具有剥削性质的阶级社会当中,各种各样的文化符号会在其中随着其阶级发展而源源不断出现。著名的英国文化学者伊格尔顿谈到文化问题,强调文化不仅能够区分人类的差异,诊疗内在心理创伤,而且是资本主义阶级社会强有力的批判工具,在对工具理性异化问题的探索中,不断地推动人类整体思想的全面进步。英国马克思主义理论者始终坚守马克思主义的科学方法与理论路线,注重文化批判与理性反思。第二国际的理论家代表者普列汉诺夫和列宁等将马克思学说归结为经济决定论,他们走向以经济为核心的包办一切的研究范式。客观地说,列宁等人强调的是马克思学说中的斗争性的一面,主张资本主义社会的基本矛盾必然激化,阶级斗争的革命策略必须以政治革命和经济变革为主要路径。马克思学说的实践哲学和文化批判精神始终值得借鉴。而与之相对,卢卡奇、科尔施、葛兰西和布洛赫等从不同角度揭示了西方社会物化、异化以及对人的总体压制现象,由此形成对人的存在和历史本质的总体性理解,认定马克思的学说主旨是要实现人的存在方式的根本转变,真正保持人的自由和全面发展的存在方式。

小结

麦克莱伦通过对英国新马克思主义思想家的意识形态的整体性的理论探索,诠释了文化批判多方面的思想内涵,在当代西方社会学界产生了极大的影响。不论是结合其论述的立论原则、分析视角、多维路径抑或是最终着眼点落

---

[1] 马克思恩格斯全集(第2卷).北京:人民出版社,1957:281.

脚在文化意识形态的思想实践途径而言，这些都体现出麦克莱伦的审慎学术风范，对文化意识形态批判视角的整体性关注。他在对意识形态问题探讨过程中没有拘泥于传统意识形态批判，即将其概念中性化或者彻底消除的思路，而是将意识形态问题视为某种更广泛的问题域，强调社会结构中权力与统治的关系，社会结构内涵、社会再生产和社会变革等以文化为显著象征的更为宽泛的问题域。

英国新马克思主义的文化意识形态理论在诸多学术和思想丛林中独树一帜，给予我们许多启示。概而言之，主要体现在四个方面：文化意识与意识形态的结合，既要体现政治性，更要体现科学性；文化唯物主义的思想和理论框架是以唯物史观为基础建立起来的，同时也是文化意识形态思想的坚实基础；文化意识形态必须内含无产阶级的革命斗争，体现人民群众的意志，体现人的自由和正义社会建设的精神；意识形态是文化的具体表现形式或载体，它的产生与社会基础有着密切的联系，与社会的存在和发展相辅相成，相伴而生。因此，它既是理想的，更是现实的改造世界的实践活动。

根据本章对批判意识形态思想当中文化问题的研究与论述，不难理解意识形态不再是"社会黏合剂"，或某种集体共有价值观的努力和尝试，而是某种形式象征的社会应用，是服务于建立和支撑统治关系的一种方式。意识形态研究与文化研究在这里是密不可分的，文化概念同样可以称为社会生活的象征，强调社会互动中交换的象征形式所体现的意义特征。现代以来，西方大众文化传播的发展与衍变可以作为透视西方文化本质的独特视角。

第六章　麦克莱伦批判意识形态思想的整体性特征与理论意义

戴维·麦克莱伦认真研读经典马克思主义文献，分析马克思批判意识形态思想的学理价值，关注现代前沿马克思主义批判意识形态思想理论动态。分析麦克莱伦批判意识形态思想的整体性特征与理论意义，对我国社会主义意识形态整体建设具有重要的借鉴意义。批判意识形态思想的整体性特征，主要体现在麦克莱伦重视马克思主义思想发展的连续性，并且坚守历史唯物主义的学理价值，同时关注马克思主义生命力的整体表现。

近一个世纪以来，马克思的批判意识形态思想历经欧洲、亚洲、美洲等多地的繁衍发展，马克思主义批判意识形态思想早已在20世纪蕴含了多种多样的特征与历程。面对如此繁杂和难以捉摸的各个国家历史背景和各国学者的思想发展，麦克莱伦力图将这一思想变化进行整体性与全面性的考察，就其所涉及的政治、社会和经济背景做出总体性说明，全面而清晰地呈现出其批判意识形态思想的理论意义。

6.1 麦克莱伦批判意识形态思想的整体性特征

麦克莱伦批判意识形态思想的整体性特征主要体现在他对马克思主义意识形态思想的全面分析与把握。意识形态自18世纪末由法国启蒙思想家特拉西最早提出，意识形态问题成为学界广泛关注的核心议题，马克思主义的学术贡献是毋庸置疑的。麦克莱伦对马克思主义思想发展的历史整体性认识，夯实了他批判的意识形态思想的基础。麦克莱伦始终贯彻和坚守对历史唯物主义的整体性理解，体现了马克思主义的研究方法。早期马克思将意识形态批判对准宗教与黑格尔理性的国家观，真正意义上揭开了宗教的神秘面纱和黑格尔思想的唯心主义本质。

6.1.1 对马克思主义思想发展的历史整体性认识

在麦克莱伦看来，20世纪以来，研究马克思主义批判意识形态思想发展的整体性认识，必须全面整体理解马克思主义，才能使马克思主义成为指导无产阶级革命的锐利武器。

麦克莱伦首先强调在经济和政治斗争中要加强意识形态批判认识的整体性。关于经济与政治的关系问题，他通过研究经济问题，直击资本主义制度如何崩溃和何时崩溃等中心问题。第二国际思想家考茨基等认为，随着利润率下降，资本主义崩溃迫在眉睫，并且会自动发生，甚至无须无产阶级的积极干预。卢森堡和列宁的帝国主义思想，强调资本主义行将崩溃的发展趋势和根本原因，其他的经济学家，比如希法亭指出帝国主义是资本主义崩溃的征兆形式。随着十月革命的胜利，如何从资本主义向共产主义过渡的问题成为首要问题，战时共产主义和新经济政策所带来的社会影响力，在布哈林和托洛茨基之间展开一场思想争论。布哈林指出注重农业发展并逐步过渡到发展工业，来提供扩大的市场，然而托洛茨基认为只有通过强制手段，才能使得农业剩余生产力向工业转移，斯大林正是采纳了托洛茨基极其残暴的方式。然而，毛泽东摒弃了斯大林的错误做法，将农业置于国家的主导地位，强调生产关系比生产力更为重要，使社会主义在东方如火如荼地建设与发展。

随着二战结束之后，资本主义制度开始显著恢复，西方学界对马克思主义经济学的兴趣逐步减弱。直到20世纪70年代，西方经济危机再次爆发，其影响力覆盖了整个盎格鲁-撒克逊世界，世界的不平等问题和发展问题开始受到广泛关注。在政治领域争论的焦点问题是：首先，如何处理政党与无产阶级之间的关系；其次，如何建构工人阶级的革命意识。考茨基和卢森堡用不同的方式强调发展党组织，群众罢工等运动的策略。然而，西方无产阶级尤其是工会的领导阶层，也日益倾向于社会主义改良思想，社会并未出现严重的两极分化。列宁的"先锋"政党思想是向工人阶级不断输出革命意识逐渐成为社会主流意识形态。1917年十月革命的胜利实践验证了列宁提出的共产党是工人阶级的先锋队这一思想，使列宁主义模式占据了支配地位。与此同时，斯大林以这一学说发动了自上而下的暴力革命。在西方，科尔施等共产主义者们致力于工人的自我解放事业，使工人阶级原有信念开始幻灭，法兰克福学派和结构主义理论家开始对工人阶级的革命丧失了信心。葛兰西却是唯一一位对上层建筑表现出浓厚兴趣，并且积极投身于政治活动的马克思主义理论家。

  麦克莱伦强调在哲学研究中要加强意识形态批判和认识的整体性。马克思主义思想在哲学维度的发展是多重和具体的。马克思主义哲学主要争论的问题是围绕马克思主义在何种层面上是一门科学。考茨基等人认为马克思主义和自然科学一样是一门普遍的社会科学门类，故此鲜少学者研究黑格尔的思想，并未找出工人阶级自我解放的理论，或者将自我解归属于达尔文主义的进化过程。斯大林等人则把解放的任务划归于共产党或者领袖个人的领导等。卢卡奇、科尔施和早期法兰克福学派等人强调个人主观能动性，即认为马克思主义是某种超越科学的一门学问。由于西方的革命哲学前景黯淡，马克思主义者认为哲学是认识目的本身的学科，将研究主题转移到美学或者文学艺术范畴。在麦克莱伦看来，一百多年以来的马克思主义革命实践表明，这些认识都具有片面性，必须从整体上重新审视马克思主义的修正解读，清楚地看待马克思主义的哪些方面被事实证明是错误的，哪些方面又是具有强大生命力的，借此发展马克思主义。

6.1.2 坚守对历史唯物主义的整体性理解

  要坚守马克思主义唯物史观的认知方式，分析解读批判意识形态思想的整体性。正是因为马克思将意识形态增加了浓厚的批判性质，对社会评判建构了正确的唯物主义理论。正如麦克莱伦所言，"马克思的意识形态概念是其一般的唯物主义的历史观的组成部分"。①麦克莱伦认为，马克思赋予意识形态以否定特征，使其作为一种批判意识形态，对唯心主义世界观的"矫枉过正"起到一定的激励作用，使马克思之后的追随者坚守唯物史观，运用这样一种科学方法论认识世界进而解读世界，以至于在真正意义上改造世界。当然他也指出这一种"矫枉过正"对马克思主义者有一定的误导，在一定程度上会陷入了某种粗鲁的还原论。此外，意识形态作为社会经济特权与资源获取不平等的一项重要晴雨表，当社会资源和权力分配出现矛盾时，批判意识形态就是重要的社会衡量标准。

麦克莱伦认为，马克思思想的核心观点是历史唯物主义，不论在西方世界亦或是第三世界都彰显着强大的生命力。麦克莱伦指出，人们对马克思思想的解释有一定的局限性，例如，有人认为马克思对社会的发展缺乏一定的预见性，过于重视生产力的决定力量，缺乏对生态和环境等问题的敏感性，以及忽视经济以外的其他因素；有人认为马克思的阶级理论强调一些人对另一些人的经济剥削，忽视性别和种族不平等的问题等。这些认识都是对马克思的思想缺乏整体性认识的结果。对于马克思的意识形态思想来说，依旧需要从整体上把握核心的要义。这样才能形成正确的认识，防止片面性。所以，"必须从物质实践来解释意识形态"②，要坚守历史唯物主义的方法论，彰显出其批判意识形态的整体性特征。

6.1.3 马克思主义生命力的整体表现

麦克莱伦通过对马克思主义生命力的分析与解读，彰显着其批判意识形态思想的整体性论述。生命力是意识形态思想理论成果实现长期持续发展的根源所在，缺少生命力的理论无异于无源之水无本之木。马克思主义作为科学的理论，对人类社会发展所产生的影响不言而喻，而其所具备的强大生命力是有目

---

① ［英］戴维·麦克莱伦著.马克思思想导论（第3版）.郑一明，陈喜贵，译.北京：中国人民大学出版社，2016：161.

② ［英］戴维·麦克莱伦著.马克思思想导论（第3版）.郑一明，陈喜贵，译.北京：中国人民大学出版社，2016：155.

第六章 麦克莱伦批判意识形态思想的整体性特征与理论意义

共睹的事实。正如习近平总书记在纪念马克思200周年诞辰大会上所说的："两个世纪过去了，人类社会发生了巨大而深刻的变化，但马克思的名字依然在世界各地受到人们的尊敬，马克思的学说依然闪烁着耀眼的真理光芒！"在新时代历史方位的背景下，对马克思主义生命力的产生和成长进行有针对性的研究能够深化马克思主义的整体性论述，从而为新时代中国特色社会主义的发展提供更加科学的理论指导。

麦克莱伦所论述的马克思主义意识形态的内容具有科学性是其生命力产生的根源。科学性是理论得以长期存在和发挥影响的内在要素，缺乏科学性的理论很难长期发展。马克思主义之所以具有持续的生命力，最主要的原因在于其自身所具有的科学性特质。具体来说，对马克思主义意识形态思想的科学性可以从其产生的背景、内容的普适性和强大的开放性三个方面来理解。

首先，马克思主义意识形态思想所产生的理论背景和社会背景为科学性的形成提供了强有力的支撑。麦克莱尔认为，《关于哲学改造的临时纲要》使得马克思脱离了黑格尔理性化的神学建构，《黑格尔法哲学批判》则是受费尔巴哈方法的影响对黑格尔进行全面清算，把市民社会与国家地位进行了颠倒，同时马克思也从《基督教的本质》中吸收了相关的人本主义思想，使得自己的哲学思想更加科学。马克思在长期参与工人运动实践的基础上逐步形成了科学社会主义理论，该理论符合工人运动的特点和人类社会发展的规律，并且其跨越国界的普适性为以后世界范围内的广泛影响力奠定了科学基础。除了这两方面的原因以外，麦克莱伦还认为马克思居住的城市所拥有的大量知识分子的进步观点，自由主义和浪漫主义思想碰撞，以及城市文化交汇特点，一定程度上促进了马克思对科学理论的追求和遐想。同时，马克思所接受的学校教育也为其进行科学思想创新提供了必要条件。麦克莱伦认为，马克思所就读的特里尔中学所传承的人道主义教育、启蒙运动的自由主义和理性主义精神，培养了马克思对哲学研究的兴趣，促使其投入大量的时间和精力开展人文科学研究与探索。

其次，马克思主义哲学以实践为基础，科学地解决了思维与存在的关系问题，并在科学实践观的基础上揭示了物质与意识之间的关系，为人类社会实践的科学开展提供了科学指导；马克思主义政治经济学阐明了人类社会发展各个阶段物质生产、分配和交换的规律，并论证了资本主义社会生产社会化与生产资料私人占有之间的矛盾以及该矛盾对资本主义制度的影响；科学社会主义旨在说明资本主义灭亡和社会主义胜利的必然性，并对阶级斗争、国家和政党发展等内容进行了论述。马克思主义中体系化的内容为人类社会实践活动的开展提供了规律性的指导，使实践活动少走弯路，并随着人类实践活动的开展而不断地进行自我的丰富和发展。正如麦克莱伦所言："马克思在结合政治思想和经济思想的基础上产生的历史唯物主义理论，没有失去它的生命力，例如，当我们考虑到美国对伊拉克侵略科威特和印度尼西亚侵略东帝汶作出的不同反应时，我们很明显地看出，当代世界的政治生活仍然是全球资本主义利益的体现。"① 这也充分说明马克思主义作为科学的发展规律，不存在过时的问题。

最后，历史唯物主义是对社会现状的客观反映的科学方法，但是具有积极的开放性特征，能够根据时代的发展进行自我的发展和完善，从而保持自身的先进性。正如马克思所说，正确的理论必须结合具体情况并根据现存条件加以阐明和发挥。从历史发展来看，马克思主义既可以指导封建君主专制的俄国取得十月社会主义革命的胜利，也可以指引半殖民地半封建的中国赢得国家的独立，并且能够不断适应具体社会情形体现其真理性与客观性，并且会随着社会的发展而不断丰富和完善。

在麦克莱伦看来，环境的优越性是意识形态思想的生命力成长的条件，"马克思主义的生命力本质根基于人们对理想社会的渴望，在这样的社会中，人们能够在一个正义和公平的环境中生活。"② 马克思主义生命力是在一定国家和制度环境下借助相关的实践活动展现出来的，环境的好坏直接关系到马克思主义的发展情况，这一点可以通过苏联与中国在马克思主义方面的实践发展得到论证。综合来说，我国的制度、社会等环境的优越性为马克思主义生命力的成长创造了良好的条件支持。

首先，我国现阶段所实行的中国特色社会主义制度是在马克思主义科学理

---

① 魏小萍. 马克思主义的生命力何在？——英国马克思主义学者大卫·麦克莱伦 (David Mclellan) 访谈录. 马克思主义研究，2000 (06).

② 同上。

论的指导下逐步形成的社会制度，其在传承马克思主义的科学性、真理性的基础上不断融合中国的实际情况，使得社会主义制度更加完善。其次，科学的信念为马克思主义生命力的成长提供了内在动力。从马克思主义传入中国以来，历代中国共产党人坚持崇高的马克思主义信仰，通过自身的努力实践，实现了马克思主义科学内涵与中国实际国情的融合并使其发展不断注入新的生命力。最后，中国特色社会主义制度使更多的发展主体愿意通过践行马克思主义理论来得以良好发展，为马克思主义的传播创造了积极的条件。当然，优越的环境为马克思主义生命力的成长创造了条件，而那些失败的经验也从反面促进了马克思主义生命力的顽强成长，例如苏联、东欧的共产主义的崩溃。

马克思主义批判意识形态的社会实践也成为其生命力成长的积极性动力。以极端机械与教条形式来实施发展马克思主义很难取得良好的发展成果，只有在推动人类社会发展方面发挥实际性的作用，才能够证明自身的强大生命力，也才能够使更多的实践主体对马克思主义的实践价值产生深刻的认同，并将其融入自己的实践活动中。当前，中国积极开展的社会主义建设为马克思主义生命力的成长提供了优良的土壤，使其能够在中国国情的基础上进行不断的丰富和发展，充分展现出发展的积极性。第一，实践主体的主动性。就马克思主义在我国的传播和发展来说，只有让更多的实践主体充分认识到其所具有的真理性和科学性，相信通过马克思主义理论的践行可以为自身发展现状的改变提供有利的帮助，才能够在日常的实践过程中主动地坚决贯彻其内涵。越来越多的实践主体逐步意识到马克思主义在指导自己实践活动过程中的积极作用。第二，实践内容的多样化。当前我国所开展的社会主义建设是全方位、多领域的实践，其所涵盖的内容具有丰富化和多样化的特点。这种实践方面的广泛性、深入性为马克思主义科学理论与行业发展规律之间的融合提供了契机，使更多的实践主体在马克思主义的指导下开展科学的实践活动，不断创新出具有行业领域特色的马克思主义理论成果，进而提升实践主体思想和行为的科学性。当然，在实践活动开展过程中，通过对那些具有行业领域特色的马克思主义实践成果进行总结提炼，可以形成具有普适性和大众化的马克思主义理论成果，进而指导更多实践活动的科学开展。第三，实践过程的持续性。虽然当前我国的社会主义发展进入了新时代这一新的历史方位，但社会主义的发展仍然处于初级阶段，仍然有诸多影响国家和社会发展的不和谐问题存在，这就决定了社会主义实践活动还需要持续地开展下去。而实践活动的持续性为马克思主义的创新发展提供了良好的条件支持，使实践主体能够在马克思主义科学理论的指导下开展正确的实践活动，不断丰富自身的实践经验，建构马克思主义中国化理论成果；其背后所折射出的是中国人民在科学理论的指导下所开展的长期性、持续性的实践活动。而为了实现更远大的目标，这一实践活动还会继续进行下去。

6.2 麦克莱伦批判意识形态思想的理论意义

麦克莱伦作为英国著名的马克思主义哲学家、政治学家在全世界尤其是英语世界有着具大的影响力，各个国家对其作品也进行了深入的研究与评论，他博采众长的文字以及引经据典的学术风范，受到了业界的广泛推崇。作为世界知名的政治学终身教授，他更多的笔墨是在政治视域下运用整体性的哲学思维描摹当代多维立体的马克思主义批判意识形态思想。正是因为深受英国传统经验哲学和马克思主义文化批判的影响，麦克莱伦运用独特政治视角展开文化意识形态理论研究，为世界马克思主义学术界作出了巨大的贡献。

6.2.1 马克思主义视域下对意识形态内涵与特征的整体分析

19世纪至20世纪这一百多年世界历史进程之中，意识形态作为一种社会上层建筑之中最具典型的批判方式历经了漫长的发展演进过程，每一个阶段都有典型的思想家做出了重要的历史功绩。麦克莱伦在马克思主义的研究视域下，力排重难，探讨了意识形态认识路径，丰富了马克思主义意识形态发展史的逻辑思维，对此进行材料整合与信息收集；此外，麦克莱伦不单单是对批判意识形态加以历史性的梳理，而且从整体性和多视角甄别意识形态的批判方式。

在马克思主义视域下意识形态发展主要经历了三个重要时期：第一个显著

第六章　麦克莱伦批判意识形态思想的整体性特征与理论意义

时期是第二国际时期，在这一时期的思想学者将马克思的思想简化为了抽象的经济决定论，将意识形态的内涵等同于一种虚假意识，给予其完全否定和消极的片面性质；第二个历史时期是第三国际由西欧为中心转向了东欧，以列宁为主要代表的第三国际的理论思想学者祛除了意识形态的否定性的内涵，将其赋予了政治使命与上层建筑的理论高度，使其等同于社会主义或者是马克思主义思想，对马克思意识形态思想的认识也失之偏颇；第三个重要的发展时期是西方马克思主义结合文化与科学技术，在高度发达的资本主义社会制度之中以学院派和学术界的这一研究群体展开的超越国界并且超越地域的研究，形成了对马克思意识形态思想的多元化的认识，由此产生了各种不恰当的甚至错误的认识。对于麦克莱伦来说，他运用历史眼光和全面整体的思维理解马克思主义的批判意识形态，这无疑是正确的。

麦克莱伦认为，马克思意识形态思想的产生是一个过程。马克思早期在一系列文章中对普鲁士国家进行了批判，这些文章将激进的黑格尔主义与现代理性主义结合起来，形成了最早的意识形态思想。当马克思把人的经济利益放到思考问题的核心时，他以自己作为报纸编辑的经历以及吸收费尔巴哈对黑格尔唯心主义的批判，使马克思拒绝了黑格尔的解决社会问题的方案，开展了对资本主义意识形态的批判。

在到达巴黎后不久，马克思发表了关于犹太人问题的文章，这篇文章包含了马克思对古典自由主义思想的最明确的控诉，认为布鲁诺·鲍威尔所主张的犹太人问题的典型自由解决办法是不够的，那种认为政治问题可以通过给予犹太人在世俗化状态下平等的政治权利来解决的办法从根本上是错误的。那时，马克思认为，人的自由权利不是基于人与人的结合，而是基于人与人的分离。正是这种分离的权利，是个人有限的权利。对于自己来说，人的财产权是指在不考虑他人、独立于社会的情况下，任意享有和处置财产的权利。前者是个人自由，后者是公民社会的基础。它使人看到的不是别人的认识，而是他的局限性，是自己的自由。唯一真正的解决办法是确保这些平等的概念在社会和经济世界中具有一定的现实性的人必须承认自己的力量是社会力量，把它们组织起来，从而不再以政治力量的形式将社会力量分开。只有这样，人类解放才能实现。马克思在1845年提出了唯物史观，为他的国家与市民的社会分离思想提供了历史维度和唯物主义视域，标志着马克思主义批判意识形态思想的确立。

显然，麦克莱伦是通过追溯马克思主义意识形态思想的产生和发展过程来理解其思想内涵的，体现出整体性与历史性相结合的研究范式，史论相结合的研究方法。这种研究方法本身就贯穿了马克思主义的基本立场、基本观点以及基本方法，从而使其批判意识形态的思想具有较强的实践批判性和理论深刻性。

6.2.2 整体拓展马克思主义意识形态理论的批判逻辑

麦克莱伦通过致力于意识形态理论发展史的研究，对马克思主义意识形态思想发展研究做出了积极贡献，拓展其认识与解读意识形态的逻辑及路径，指出意识形态应该通过两种思维方法相结合并表述，其一是曼海姆所运用的解释学的方法，也就是在批判意识形态之前理应深入了解并对其本身采取自我反省的思维方式。其二是马克思主义传统认知中将意识形态与上层建筑的统治和控制相联系起来，保持此概念的批判特征。意识形态从字面理解带有贬义意蕴，然而在社会之中意识形态确实无时无刻不存在，并且人们生活之中无所不在地受意识形态所牵连和束缚，直到我们不断地改进修正意识形态的内核和理论。所以尽管在原则之上意识形态会有终结，但不是现在更不是在可见的未来。这是因为意识形态被看作是一种独立的符号象征体系，这种符号象征体系最终会被另一种相对立的科学所替代。

麦克莱伦聚焦作为批判意识形态思想逻辑起点的科学技术批判内容，根据当代资本主义发展的新情况，在分析和论述晚期资本主义社会发展趋势的基础上，对马克思主义的基本理论作出了全面和立体的解读。他厘清了哈贝马斯等法兰克福代表学派对马尔库塞把技术与科学作为传统的意识形态来批判的观点，他们不断汲取了德国古典哲学的辩证法对科技进步的悲观主义论点，提出富有建设性思想，而且进一步深化了社会批判理论。根据当代资本主义发展的新情况，在分析和论述晚期资本主义社会发展趋势的基础上，对马克思主义的某些基本理论做了新的解释与分析。科学技术作为意识形态的批判适应了科学

第六章　麦克莱伦批判意识形态思想的整体性特征与理论意义

技术发展的哲学反思性批判，霍克海默和马尔库塞等社会批判理论家，尽管认识到资本主义社会发展过程中的物化状况，还是按照传统哲学与科学的划界进行抽象的批判。哈贝马斯等进一步分析了科学技术作为人的工具系统的中介环节，在去除其决定论前提下提出了交往行动的社会实践，把启蒙的理性观念融入社会生活中，重新激活认识与兴趣的原初关系，对传统哲学的反思精神和现代科学的认识兴趣做了新的理解和表述。

通过论述作为批判意识形态思想精神武器的宗教批判，麦克莱伦分析了马克思关于宗教批判以及马克思主义对宗教的批判是强大而有效的，比任何各种各样的黑格尔的逻辑主义或者是科学实证主义学派等的无味的解读，以及深受西方现代社会科学代表理论家诸如弗洛伊德、尼采等追随者们自我欣赏的分析与解读更加具象与科学性，也要比之强大的多。马克思主义传统上对宗教的批判就其一致性与准确性加以分析与解读，在实质性的结论当中更宽阔的意涵提出见解。马克思主义理论学者对宗教的论述显然是比马克思对其的批判要多很多。恩格斯成长在浓厚的具有虔诚宗教信仰的家庭之中，早年时期他对宗教也是感兴趣的。在他晚年时期由于有不断丰富多元的马克思主义革命运动的历史背景，他在对马克思主义世界观进行系统化以及推广的过程之中面对很多压力和质疑，进一步阐述了历史唯物主义理论，重申了关于基础和上层建筑的关系，并且指出了经济、政治和意识形态等因素，强调了经济因素的决定性作用，而关于其基础作用相关联最薄弱的意识形态之中的宗教部分，由于在历史进程之中并未占据重要的地位，他主要指出宗教是一种异化的幻想。

通过对批判意识形态思想目标旨向的文化批判的研究，帮助更好地理解文化与意识形态相结合的时代背景与文化作为目标指向的重要内涵与意义。随着全球化浪潮的兴起，互联网等科技和社会组织方式的推动，人们日常生活方式发生了巨大变迁，在场的东西的直接作用越来越被在时间和空间意义上缺席的东西所代替。全球化以及与全球化互为表里的消费主义对当代日常生活的侵袭是通过大众文化潜移默化进行渗透的。意识形态与大众文化之间关系的研究越来越成为重点关注的问题。麦克莱伦对此的勾勒并不仅仅局限于欧洲、美洲的思想，而且将社会主义国家以及第三世界等纳入研究范围，对从葛兰西到后现代的意识形态理论进行批判分析，界定并使用一种源于马克思但并不与其完全一致的意识形态观。在意识形态的整体性和文化批判的多重方面展开细致的讨论和理论诠释，在当代西方社会学界乃至文化哲学界都产生了极大的影响。

总而言之，麦克莱伦拓展了马克思意识形态理论的视域，在继承马克思思想的基础上，拓展了马克思意识形态分析的视域。他用马克思的意识形态理论来分析当代资本主义社会体系下所出现的性别、种族和文化上的冲突和矛盾，这就需要有多维度的全面的历史观、多维度的理论视野，由此他也发展了马克思主义的理论视野，从整体性上丰富了马克思主义思想。

6.2.3 对我国社会主义意识形态整体建设的借鉴意义

麦克莱伦的整体性批判意识形态思想为我国现代化建设提供了有效的借鉴。正如麦克莱伦指出："中国共产主义在许多方面产生了一个不同于苏联的马克思主义政治版本。"[①]1949年新中国成立，社会主义开始在这片广袤而历史悠久的国家得到发展，毛泽东思想正是社会主义探索之中的重大理论成果。中国特色社会主义社会正处于新时代的新阶段，随着改革开放以来，社会主义现代化全力推进，社会经济、文化、政治等方面的阶段特征显著，在世界领域获得的成就举世瞩目。然而，在当前社会转型过程之中，也产生了意识形态领域的矛盾，文化信仰缺失、道德价值迷惘等问题。如何应对社会上存在的意识形态领域的问题，整体性批判思维方式是必然的选择。国家治国理政的模式有了创新性的发展，从追求经济为重点的发展路径拓展为以人为本的五位一体的社会全面发展方式。寻求社会主义健康稳定的发展，必须具备整体性的宏观视野。哲学是时代所赋予的人文科学，从时代鲜明特征厘清时代的症候，为治国方略贡献哲学理性的智慧。

麦克莱伦始终将意识形态观念置于其理论研究的中心地位，以全新的视角和历史逻辑驳斥了福山所认为的自由民主以下的意识形态是历史的终结，通过对意识形态的终结抑或是没有终结的疑问做出了扼要的阐释和深层次的解读。

---

① David McLellan(ed).Marx:the First Hundred Years.Frances Pinter，1983：176.

第六章 麦克莱伦批判意识形态思想的整体性特征与理论意义

福山在许多方面对意识形态历史自身终结论进行了偏见的阐述和历史的空想。福山指出柏拉图《理想国》中,关于人类本性的精神的或任性的因素,"如果我们现在不能想象一个与我们的世界有着本质不同的世界,在那里没有明显的方式,通过此方式未来与当前秩序相比会有根本性的提升,那么,我们就必须考虑历史也许到了一个终点的可能性。"① 麦克莱伦指出福山的很多观点自相矛盾,对于柏拉图和黑格尔的理解过于偏激。柏拉图强调关于人类的成就更多应归于自我超越,而不是福山所认为的自我扩张。黑格尔核心历史观不是追求自由意识的进步,只是强调"资本主义不可避免地建立在某些形式的剥削和统治之上。"②

毋庸置疑,意识形态批判的根基应立足于实践之中,即只有通过实践才能解决具体意识之下形式的社会矛盾。丹尼尔·贝尔宣称了马克思主义的终结,因为他认为所有的意识形态都是一种教条,意识形态的终结发生在未来,马克思主义最终将终结。阿尔都塞则以另外一个极端提出了意识形态是所有社会的必要成分,即使到了未来无阶级社会也是如此。在阿尔都塞看来,意识形态是所有社会的一个功能性要件,不会终结。马克思的意识形态概念是在社会矛盾之中产生的,因此社会矛盾的解决就意味着意识形态的终结,终结的前提条件就是无阶级社会,意识形态的终结只能在"自由王国",也就是共产主义社会中得以实现,那些声称矛盾已经在社会主义社会被取消的论断本身就是一种歪曲的说法。意识形态的批判不仅在资本主义社会具有必要性,在社会主义社会也同样具有必要性。

麦克莱伦关于马克思意识形态思想的探讨,体现了马克思主义的研究方法,对于中国马克思主义研究具有重要的借鉴价值。麦克莱伦较为清晰地再现马克思意识形态概念的具体特征及其含义演变的方式,为人们理解意识形态概念的发展提供了线索。

意识形态概念复杂且颇具争议性,麦克莱伦指出了关于马克思意识形态概

---

① Francis Fukuyama.The End of History and the Last Man.Penguin,2012:51.
② 大卫·麦克里兰著.意识形态(第二版).孔兆政,蒋龙翔,译.长春:吉林人民出版社,2005:117.

念的否定性内涵，探讨了其发展过程中含义的转换，以及围绕这一论题产生的种种纷争，试图划清与阿尔都塞结构主义和历史主义二分法的界限，批判了对马克思意识形态概念的种种误解，他力图再现马克思意识形态概念的原初形式，对马克思的很多观点作了系统的理解，其整体性的研究值得我们借鉴和吸收，有利于中国特色社会主义意识形态思想的发展。

小结

麦克莱伦的整体批判意识形态思想是在马克思主义分析视域下所建构的，这是一位马克思主义理论学者所不可多得的科学品质与精神素养。麦克莱伦拓展了马克思意识形态的理论视域，继承了马克思思想，拓展了马克思的意识形态分析的内涵，为深入研究批判意识形态整体性思想提供了重要概念和思路。他敢于挑战问题的深度和广度，运用整体性思维，力图图绘马克思主义的批判意识形态思想的全貌，为分析马克思主义提供了重要的认识论和方法论启示。

结　语

20世纪下半叶，后现代主义、后马克思主义关于"意识形态终结论"的理论思潮活跃于国外资本主义思想界，由此反思当代社会主义的意识形态问题成为学术界所关注的中心议题。意识形态非但没有终结，还在各种哲学思想的论域下有了进一步发展，发展出了某些新的意识形态概念的关键性要素和意识形态理论的新轮廓。思想界关于意识形态争论的核心在于对意识形态概念的肯定性和批判性的理论特质的分歧之上，正如麦克莱伦所说，"摇摆于肯定的和否定的含义之间，是意识形态概念的全部历史的特点。"①20世纪末，苏联解体和东欧剧变，促进了对意识形态问题的研究，甚至掀起了研究的新高潮。21世纪以来，随着对意识形态问题的深入研究，一些人声称并坚持某种新的或者是终结了的意识形态概念已融入至资本主义社会制度的本质之中。丹尼尔·贝尔曾指出，"意识形态的首要的文化的和象征的性质而不是把它看作对于社会结构的反映……包含了为其拥护者提供出发点和意义的任何一套世界观。"②这就是说，所谓意识形态终结，实际上是指马克思主义意识形态的终结，而资本主义的意识形态已经作为世界观包含在发达资本主义制度之中了。然而，在欧美的一些新马克思主义学者，则赋予了意识形态文化批判的力量，继承了马克思主义唯物史观的科学方法论，主张马克思主义意识形态的复兴和对于变革社会的积极作用，尤其是批判资本主义的积极作用，形成了强烈的思想对立。这一状况表明，意识形态思想的对立，并没有消除，它的内在的价值观和世界

---

① ［英］大卫·麦克里兰.意识形态.孙兆征，蒋龙翔，译.长春：吉林人民出版社，2005：8.
② ［美］丹尼尔·贝尔.意识形态的终结.张国清，译.南京：江苏人民出版社，2001：506.

观的内涵，仍然在起作用。

麦克莱伦作为一个马克思主义学者，清醒意识到意识形态思想对立的现实状况，他尝试在马克思主义唯物史观理论的视域下，通过厘清马克思和马克思主义的意识形态所具有的肯定性和批判性特征，对马克思主义与非马克思主义不同源流、德国与法国社会思潮对马克思主义批判意识形态的结构化的阐释与修正进行分析与批判，以此弘扬马克思主义意识形态思想的精神实质，强化对资本主义的批判，宣传社会主义思想实践和马克思主义的理论意义。

麦克莱伦是基于个人对宗教启蒙意义的兴趣而逐步走上研究意识形态问题道路的。在研究过程中，麦克莱伦从对青年黑格尔学派的宗教批判与人本精神的研究开始，通过分析布鲁诺·鲍威尔、路德维希·费尔巴哈等人对马克思早期思想的形成的影响，描绘了宗教启蒙思想对青年马克思思想形成的历史背景，批判性地拓展了马克思主义意识形态思想的问题域，在对德、法等国的意识形态思想发展的历史梳理以及对英国本土马克思主义发展过程和文化唯物主义意识形态思想研究的过程中，形成了自己独特的马克思主义批判意识形态思想特点。

麦克莱伦运用历史性和整体性的思维方法，论述了马克思主义批判意识形态思想的形成过程和思想内涵，分析了欧美不同国别与流派的马克思主义的意识形态思想，深化了对德国历史主义批判意识形态的思想传统与价值旨归的认识。麦克莱伦始终运用马克思主义唯物史观的批判思想，拓展社会主义批判意识形态思想的内涵，反思批判意识形态思想的目的与旨向，在此基础之上，对批判意识形态的思想内涵和一般特征进行了整体阐释。

基于批判意识形态思想的逻辑起点，麦克莱伦吸纳了科学技术意识形态的批判理论立场，对其可能性、困境、主旨和路径实现等内容，进行了分析与阐释。他反对阿尔都塞等结构马克思主义将科学当作意识形态的理性象征，而侧重强调物质性的意识形态理念的错误，同时，他也通过阐释马克思批判的意识形态思想的理论和实践意义，恢复马克思主义的科学性。麦克莱伦研究了法兰克福学派将资本主义社会的文化工业、启蒙理性和科学技术等置于社会批判视野之中的思想，认为这些思想使意识形态具有了更多的内涵，提供了批判意识形的多维视角，拓宽了马克思主义批判意识形态的论域。他以科学技术作为意识形态批判对象，破除技术决定论的思维惯性以确立正确的科学发展观，丰富了意识形态范畴的内涵，发展了马克思主义批判意识形态涵盖的政治经济理论以及劳动实践思想。

着眼于马克思主义批判意识形态思想的精神武器，麦克莱伦阐述了宗教批判对于马克思早期意识形态思想形成的启蒙意义。他将宗教批判与马克思的科学世界观与方法论相结合，拨开宗教的神秘面纱，针对当时的思辨哲学，把意识形态批判当作一种具有宗教内涵的虚假意识。人们往往从否定的方面来理解意识形态，将意识形态等同于掩盖现实的一种辩护方式。麦克莱伦对马克思青年时期到成熟时期的宗教批判思想做了全面的考察，揭示了马克思宗教批判思想不断丰富与发展的过程，从而提出了马克思宗教批判思想发展的两个阶段：早期的马克思宗教批判主要是阐释宗教是被异化的人类幻想；后期的宗教批判主要是对作为阶级意识形态和反映阶级意识的宗教要素进行的批判。从而拓展了马克思主义对宗教批判的主旨思想，进一步厘清了马克思主义与宗教二者之间的关系，以及其批判的主要内容。作为思想精神武器的宗教批判，旨在厘清马克思对宗教批判的启蒙意义和马克思主义对宗教批判的哲学意义，以回应对马克思主义意识形态的各种挑战，批判了各种模糊认识与错误判断。

基于批判意识形态的目标旨向，麦克莱伦侧重强调意识形态的功能性意义和文化载体的作用，从而使得批判意识形态在文化层面大放异彩。通过对文化的批判分析，他提出了避免陷入文化批判意识形态的"泛化"思想，阐述了文化唯物主义的理想模式，旨在分析以文化唯物主义和文化历史主义的思维路径进行文化批判的意义。麦克莱伦通过研究卢卡奇、科尔施、葛兰西等人本主义马克思主义学派的思想，强调意识形态的功能性特征，而并非认识论的特征。他又进一步通过克服物化意识形态唤起阶级意识，批判庸俗马克思主义以恢复马克思主义哲学的科学功能，借此拓展了意识形态文化批判的多维路径，丰富了马克思主义唯物史观在文化方面的理论空间。麦克莱伦深入分析了文化的大众传播实践与途径，强调市民社会中对于大众文化领导权的掌握是他们的理论立足点，进而解读了意识形态与争夺文化领导权的实质，评判了它对资本主义现代文化意识形态批判的实践意义与理论影响。

麦克莱伦的批判意识形态思想是在马克思主义和唯物史观的语境之下进行的，他将其意识形态的内涵与逻辑系统化和理论化，形成整体性与历史性相结合的研究方法。他研究的主要特点是将历史与理论相结合，同时贯穿了马克思主义的基本立场、基本观点以及基本方法。厘清了不同的意识形态研究者的代表性观点和思想流派，从而使得其批判意识形态的思想历史脉络具有较强的实践批判性和理论深刻性。麦克莱伦最为凸显的研究特质是对典型问题域下的意识形态专题展开探索与分析，将马克思主义的科学技术批判、宗教批判与文化批判相统一，并把启蒙理性和阶级意识等内容纳入考察的范围。这些都大大拓展了批判意识形态的广泛内涵与深邃探讨的空间。麦克莱伦同时兼顾国别化的理论特质，将其批判意识形态所涉及的范围拓广至欧洲、美洲、苏联、东欧国家和中国等第三世界的国家，这更显现出麦克莱伦的理论广延性以及扎实的研究能力。

本书通过对麦克莱伦批判意识形态的整体性思想的解读，梳理了其批判意识形态的基本观点、研究方法以及同经典马克思主义和现当代各种主要马克思主义流派的关联，从而开辟了一个以历史性与整体性相结合的马克思主义的研究意识形态问题的途径。麦克莱伦批判意识形态的整体思想，坚持了马克思主义唯物史观的研究方法，再现了马克思主义视域下批判意识形态的具体特征及其含义，阐述了批判意识形态理论概念的外延，丰富了马克思的批判意识形态思想。科学技术批判、宗教批判与文化批判构成了麦克莱伦批判意识形态思想的三大维度，分别从科学理性、宗教关怀与文化实践三个方面展开了批判意识形态的丰富内容，为我们进一步研究意识形态的认识路径、思想特点、理论发展提供了可资借鉴的理论资源。

不可否认的是，麦克莱伦的批判意识形态思想其实是很零乱的，存在一些前后矛盾的认识，对马克思的批判意识形态思想的分析和内涵的确定，也存在一些不准确的看法，对一些欧美马克思主义者的评价，也存在一些误解。所有这些，都是我们在研究和分析麦克莱伦批判意识形态思想的过程中，必须充分注意的。

附 录

戴维·麦克莱伦著作列表

一、英文著作

[1] David McLellan. The Young Hegelians and Karl Marx. The Macmillan Press Ltd, 1969.

[2] David McLellan. Karl Marx A Biography. The Macmillan Press Ltd, 1973.

[3] David McLellan. Marxism after Marx. The Macmillan Press Ltd, 1979.

[4] David McLellan (edited). Karl Marx –Interview and Recollections. The Macmillan Press Ltd, 1981.

[5] David McLellan. Karl Marx the Legacy. From the BBC TV Series written and presented by Asa Briggs. The British Broadcasting Corporation, 1983.

[6] David McLellan (edited). Marx: the First Hundred Years. Frances Pinter (Publishers) London in Association with Fontana Books, 1983.

[7] David McLellan. Marx and Religion– A Description and Assessment of the Marxist Critique of Christianity. The Macmillan Press Ltd, 1987.

[8] David McLellan (edited). Marxism Essential Writings. Oxford University Press, 1988.

[9] David McLellan and Sean Sayers (edited). Socialism and Morality. The Macmillan Press Ltd, 1990.

[10] David McLellan (edited). Socialism and Democracy. Macmillan Academic and

Professional Ltd, 1991.

[11] David McLellan. Simone Weil: Utopian Pessimist. University of Notre Dame Press, 1992.

[12] David McLellan. Unto Caesar: The Political Relevance of Christianity. University of Notre Dame Press, 1992.

[13] David McLellan (edited). Political Christianity: A Reader. SPCK, 1997.

二、英文期刊

[1] David McLellan. Marx's Concept of Human Nature (Book Review). New Left Review. Jan, 1985, 121.

[2] David McLellan. Then and Now: Marx and Marxism. Political Studies. Dec, 1999.

[3] David McLellan. Contract Marriage: The Way Forward or Dead End?Journal of Law and Society, No.2, 1996.

[4] David McLellan. Democracy: Past. Present. and Future. Society and Labour, Nov.43.1996.

[5] David McLellan. Globalization in the 21st Century. Theoria: A Journal of Social and Political Theory, No.106, Fundamentalism, Apr, 2005.

三、中文著作

[1] [英]戴维·麦克莱伦.青年黑格尔派与马克思.夏威仪,陈启伟,金海民,译.北京:商务印书馆,1982.

[2] [英]戴维·麦克莱伦.马克思以前的马克思主义.李国兴,译.北京:社会文献出版社,1992.

[3] [英]大卫·麦克里兰.意识形态(第二版).孔兆政,蒋龙翔,译.长春:吉林人民出版社,2005.

[4] [英]戴维·麦克莱伦.马克思思想导论(第3版).郑一明,陈喜贵,译.北京:中国人民大学出版社,2016.

[5] [英]戴维·麦克莱伦.马克思以后的马克思主义(第3版).李智,译.北京:中国人民大学出版社,2016.

[6] [英]戴维·麦克莱伦.马克思传(第4版).王珍,译.北京:中国人民大学出版社,2016.

[7] [英]戴维·麦克莱伦.恩格斯传.臧峰宇,译.北京:中国人民大学出版社,2017.

[8] [英]戴维·麦克莱伦.马克思主义与宗教——一种对马克思批判基督教的描述和评估.林进平,林育川,谢可晟,译.天津:天津人民出版社,2018.

四、中文期刊

[1] [英]戴维·麦克莱伦.英国马克思主义.陈燮君,译.现代外国哲学社会科学文摘,1981(01).

[2] [英]戴维·麦克莱伦.美国的马克思主义.楼培敏,译.现代外国哲学社会科学文摘,1981(7).

[3] [英]戴维·麦克莱伦.介绍几本有关马克思与马克思主义的近著.国外社会科学,1983(2).

[4] [英]戴维·麦克莱伦.存在主义的马克思主义.段小光,译.现代外国哲学社会科学文摘,1983(6).

[5] [英]戴维·麦克莱伦.马克思早期著作的历史地位.王德峰,译.现代外国哲学社会科学文摘,1985(7).

[6] [英]戴维·麦克莱伦.重新考察资本主义国家.曲跃厚,译.国外社会科学,1986(10).

[7] [英]戴维·麦克莱伦.中国和第三世界.吴晓明,俞吾金,译.毛泽东邓小平理论研究,1986(2).

[8] [英]戴维·麦克莱伦.简评西方马克思主义的主要流派.北京大学学报(哲学社会科学版)1993(1).

[9] [英]大卫·麦克莱伦.王德峰.俞吾金校.马克思与马克思主义的今昔.张

双利,译.当代国外马克思主义评论,2000(1).

[10][英]戴维·麦克莱伦.历史与现在:马克思和马克思主义.陈亚军,译.世界哲学,2005(1).

[11][英]戴维·麦克莱伦.全球化与21世纪的马克思主义.黄继锋,译.教学与研究,2005(10).

[12][英]戴维·麦克莱伦.西方马克思主义的演化及前沿问题.孟高峰,译.华南师范大学学报(社会科学版)2011(5).

[13][英]戴维·麦克莱伦.马克思意识形态理论的九大问题.林进平,译.马克思主义与现实,2011(9).

[14][英]戴维·麦克莱伦.马克思政治哲学与英国马克思主义传统.臧峰宇,译.北京行政学院学报,2014(1).

[15][英]戴维·麦克莱伦.马克思、浪漫主义与生态学.冯谨,译.国外理论动态,2014(7).

[16][英]戴维·麦克莱伦.马克思论宗教.平川,译.国外理论动态,2015(3).

参考文献

一、著作（英文和德文）

[1] David McLellan. The Young Hegelians and Karl Marx. The Macmillan Press Ltd,1969.

[2] David McLellan. Karl Marx A Biography. The Macmillan Press Ltd,1973.

[3] David McLellan. Marxism after Marx. The Macmillan Press Ltd,1979.

[4] David McLellan (edited). Karl Marx −Interview and Recollections. The Macmillan Press Ltd, 1981.

[5] David McLellan. Karl Marx the Legacy. From the BBC TV Series written and presented by Asa Briggs. The British Broadcasting Corporation,1983.

[6] David McLellan (edited). Marx: the First Hundred Years. Frances Pinter (Publishers) London in Association with Fontana Books, 1983.

[7] David McLellan. Marx and Religion−A Description and Assessment of the Marxist Critique of Christianity. The Macmillan Press Ltd,1987.

[8] David McLellan (edited). Marxism Essential Writings. Oxford University Press,1988.

[9] David McLellan and Sean Sayers (edited). Socialism and Morality. The Macmillan Press Ltd,1990.

[10] David McLellan (edited). Socialism and Democracy (edited). Macmillan Academic and Professional Ltd,1991.

[11] David McLellan. Unto Caesar The Political Relevance of Christianity. University of Notre Dame Press,1992.

[12] David McLellan (edited). Political Christianity: A Reader. SPCK,1997.

[13] David Bates. Iain MacKenzie. Sean Sayers. (edited) Marxism. Religion and Ideology: Themes from David McLellan. Routledge, 2015.

[14] Antony Easthope. British Post-structuralism since 1968. Routledge,1988.

[15] Louis Pierre Althusser. For Marx. London and New York, 1970.

[16] Max Horkheimer. Critical Theory: Selected Essays. New York, 1972.

[17] Francis Fukuyama. The End of History and the Last Man. Penguin, 2012.

[18] Karl Lowith. Marx Weber and Karl Marx. London, 1980.

[19] Jürgen Habermas. Technik und Wissenschaft als "Ideologie". Frankfurt an Main: Suhrkamp Verlag,1970.

二、期刊（英文）

[1] David McLellan. Marx's Concept of Human Nature (Book Review). David New Left Review, Jan, 1985：121.

[2] David McLellan. Then and Now:Marx and Marxism. Political Studies, Dec.1999.

[3] David McLellan. Contract Marriage: The Way Forward or Dead End?Journal of Law and Society, No.2,1996.

[4] David McLellan. Democracy: Past, Present. and Future. Society and Labour, No.1996.43.

[5] Larry Ray and Iain Wilkinson. Interview with David McLellan July 2018. Journal of Classical Sociology,No. 19，2019,

[6] T.Carver. Edited by D.Bates. I.MacKenzie. and S. Sayers. "McLellan's Marx：Interpreting Thought，Changing Life". Marxism，Religion and Ideology. London：Routledge，2016，32.

[7] L. Colletti. 'Marxism and the Dialectic'. New Left Review, 1975,93.

[8] Raymond Henry Williams. 'Notes on British Marxism since the War'. New Left Review, 1976-1977.

[9] Antony Easthope. British Post-structuralism since 1968. Routledge,1988. 1.

[10] Lawrence Grossberg:History. Politics and Postmodernism: Stuart Hall and Cultural Studies. in Journal of Communication Inquiry, 1986,64.

[11] Raymond Williams. Marxism and Literature. Oxford University Press, 2002,115.

三 著作（中文）

[1] 马克思恩格斯全集，北京：人民出版社，1995.

[2] 马克思恩格斯文集，北京：人民出版社，2009.

[3] [英]戴维·麦克莱伦.青年黑格尔派与马克思.夏威仪，陈启伟，金海民，译.北京：商务印书馆，1982.

[4] [英]大卫·麦克里兰.意识形态（第二版）.孔兆政，蒋龙翔，译.长春：吉林人民出版社，2005.

[5] [英]戴维·麦克莱伦.马克思主义以前的马克思.李兴国，译.北京：社会文献出版社，1992.

[6] [英]戴维·麦克莱伦.马克思以后的马克思主义（第3版）.李智，译.北京：中国人民大学出版社，2016.

[7] [英]戴维·麦克莱伦.马克思思想导论（第3版）.郑一明，陈喜贵，译.北京：中国人民大学出版社，2016.

[8] [英]戴维·麦克莱伦.马克思传（第4版）.王珍，译.北京：中国人民大学出版社，2016.

[9] [英]戴维·麦克莱伦.恩格斯传.臧峰宇，译.北京：中国人民大学出版社，2017.

[10] [英]戴维·麦克莱伦.马克思主义与宗教——一种对马克思批判基督教的描述和评估.林进平，林育川，谢可晟，译.天津：天津人民出版社，2018.

[11] 乔瑞金.英国的新马克思主义，北京：人民出版社，2013.

[12] 乔瑞金.现代整体论，北京：中国经济出版社，1996.

[13] 乔瑞金. 马克思技术哲学纲要，北京：人民出版社，2002.

[14] [德] 卡尔·曼海姆. 意识形态和乌托邦——知识社会学引论. 霍桂桓，译. 北京：中国人民大学出版社，2013.

[15] [匈] 卢卡奇. 历史与阶级意识. 杜章智，任立，燕宏远，译. 北京：商务印书馆，2016.

[16] [意] 葛兰西. 狱中札记. 曹雷雨，等译. 北京：中国社会科学出版社，2000.

[17] [德] 柯尔施. 马克思主义和哲学. 王楠湜，等译. 重庆：重庆出版社，1989.

[18] [德] 柯尔施. 卡尔·马克思：马克思主义理论和阶级运动. 熊子云，等译. 重庆：重庆出版社，1993.

[19] [法] 萨特. 辩证理性批判. 林骧华，等译. 合肥：安徽文艺出版社，1998.

[20] [法] 福柯. 权力的眼睛——福柯访谈录，上海：上海人民出版社，1997，201.

[21] [美] 艾里希·弗洛姆. 弗洛姆著作精选：人性、社会、拯救. 黄颂杰，译. 上海：上海人民出版社，1989.

[22] [美] 艾里希·弗洛姆. 健全的社会. 孙恺祥，译. 上海：上海译文出版社，2011.

[23] [美] 赫伯特·马尔库塞. 爱欲与文明：对弗洛伊德思想的哲学探讨. 黄勇，等译. 上海：上海译文出版社，2005.

[24] [美] 赫伯特·马尔库塞. 单向度的人——发达工业社会意识形态研究. 刘继，译. 上海：上海译文出版社，2014.

[25] [德] 马克斯·霍克海默，西奥多·阿多尔诺. 启蒙辩证法：哲学断片. 梁渠东，译. 上海：上海世纪出版集团，2006.

[26] [德] 阿多尔诺. 否定的辩证法. 张峰，译. 重庆：重庆出版社，1993.

[27] [英] 乔治·拉瑞恩. 意识形态与文化身份：现代性和第三世界的在场. 戴从容，译. 上海：上海教育出版社，2005.

[28] [英]乔治·拉雷恩.马克思主义意识形态:马克思主义意识形态论研究.张秀琴,译.北京:北京师范大学出版社,2013.

[29] [德]哈贝马斯.作为"意识形态"的技术与科学.李黎,郭官义,译.上海:学林出版社,1999.

[30] [德]哈贝马斯.交往行为理论:行为合理化与社会合理化(第一卷).曹卫东,译.上海:上海世纪出版集团,2004.

[31] [德]哈贝马斯.交往行动理论:论功能主义理性批判(第二卷).洪佩郁,译.重庆:重庆出版社,1994.

[32] [法]阿尔都塞.保卫马克思.顾良,译.北京:商务印书馆,2010.

[33] [法]阿尔都塞.意识形态国家机器,哲学与政治:阿尔都塞读本.陈越,编.长春:吉林人民出版社,2003.

[34] [英]雷蒙德·威廉斯.马克思主义与文学.王尔勃,等译.郑州:河南大学出版社,2008.

[35] [英]雷蒙德·威廉斯.文化与社会.吴松江,等译.北京:北京大学出版社,1991.

[36] [英]特里·伊格尔顿.文化的观念.方杰,译.南京:南京大学出版社,2006.

[37] [英]特里·伊格尔顿.二十世纪西方文学理论.伍晓明,译.北京:北京大学出版社,2007.

[38] [英]约翰·B·汤普森.意识形态与现代文化.高铦,等译.南京:译林出版社,2005.

[39] [英]约翰·B·汤普森.意识形态理论研究.郭世平,等译.北京:社会科学文献出版社,2013.

[40] [美]丹尼尔·贝尔.意识形态的终结:50年代政治观念衰微之考察.张国清,译.南京:江苏人民出版社,2001.

[41] 俞吾金.意识形态,北京:人民出版社,2009.

[42] 张秀琴.马克思意识形态理论的当代阐释,北京:中国社会科学出版社,2005.

[43] 侯惠勤.马克思主义意识形态理论,南京:南京大学出版社,2011.

[44] 侯惠勤.马克思的意识形态批判与当代中国,北京:中国社会科学出版社,2010.

[45] 徐海波.意识形态与大众文化,北京:人民出版社,2009.

[46] 袁锋.非意识形态化思潮研究,北京:中国社会科学出版社,2008.

[47] 林国标.中国社会主义意识形态发展史,长沙:湖南人民出版社,2007.

[48] 李秀林,王于,李淮春,主编.辩证唯物主义和历史唯物主义原理(第五版),北京:中国人民大学出版社,2004.

[49] 肖前,李秀林,汪永祥,主编.历史唯物主义原理(第1版),北京:人民出版社,1983.

[50] 肖前,李秀林,汪永祥,主编.历史唯物主义原理(修订版),北京:人民出版社,1991.

[51] 肖前,黄楠森,陈晏清,编.马克思主义哲学原理(下册),北京:中国人民大学出版社,1993.

[52] 陈晏清,王南湜,李淑梅,编著.马克思主义哲学高级教程,天津:南开大学出版社,2001.

[53] 韩树英编.马克思主义哲学纲要,北京:人民出版社,1983.

[54] 孙伯鍨主编.简明哲学,南京:南京大学出版社,1985.

[55] 陈先达主编.马克思主义基本原理教程,北京:中国人民大学出版社,1988.

[56] 陈先达主编.马克思主义哲学原理(第2版),北京:中国人民大学出版社,2004.

[57] 辛敬良主编.马克思主义哲学导论,上海:复旦大学出版社,1991.

[58] 韦建桦主编.列宁专题文集:论辩证唯物主义和历史唯物主义.中央编译局,译.北京:人民出版社,2000.

[59] 韦建桦主编.列宁专题文集:论无产阶级政党.中央编译局,译.北京:人民出版社,2009.

[60] 朱兆中主编.中国社会主义意识形态建设纵论,上海:上海人民出版社,2003.

[61] 宋惠昌主编.当代意识形态研究,北京:中共中央党校出版社,1993.

[62] 郑永廷主编.社会主义意识形态发展研究,北京:人民出版社,2002.

[63] 周宏主编.理解与批判——马克思意识形态理论的文本学研究,上海:上海三联书店,2003.

四、期刊（中文）

[1] [英]戴维·麦克莱伦.英国马克思主义.陈燮君,译.现代外国哲学社会科学文摘,1981（01）.

[2] [英]戴维·麦克莱伦.美国的马克思主义.楼培敏,译.现代外国哲学社会科学文摘,1981（7）.

[3] [英]戴维·麦克莱伦,介绍几本有关马克思与马克思主义的近著,国外社会科学,1983（2）.

[4] [英]戴维·麦克莱伦.存在主义的马克思主义.段小光,译.现代外国哲学社会科学文摘,1983（6）.

[5] [英]戴维·麦克莱伦.马克思早期著作的历史地位.王德峰,译.现代外国哲学社会科学文摘,1985（7）.

[6] [英]戴维·麦克莱伦.重新考察资本主义国家.曲跃厚,译.国外社会科学,1986（10）.

[7] [英]戴维·麦克莱伦.中国和第三世界.吴晓明,俞吾金,译.毛泽东邓小平理论研究,1986（2）.

[8] [英]戴维·麦克莱伦,简评西方马克思主义的主要流派,北京大学学报（哲学社会科学版）1993（1）.

[9] [英]大卫·麦克莱伦.马克思与马克思主义的今昔.王德峰,俞吾金校,张双利,译.当代国外马克思主义评论,2000（1）.

[10] [英]戴维·麦克莱伦.历史与现在:马克思和马克思主义.陈亚军,译.世界哲学,2005（1）.

[11] [英] 戴维·麦克莱伦,全球化与 21 世纪的马克思主义,教学与研究,2005（10）.

[12] [英] 戴维·麦克莱伦.西方马克思主义的演化及前沿问题.孟高峰,译.华南师范大学学报（社会科学版）2011（5）.

[13] [英] 戴维·麦克莱伦.马克思意识形态理论的九大问题.林进平,译.马克思主义与现实,2011（9）.

[14] [英] 戴维·麦克莱伦.马克思政治哲学与英国马克思主义传统,臧峰宇,译.北京行政学院学报,2014（1）.

[15] [英] 戴维·麦克莱伦,马克思、浪漫主义与生态学,冯谨,译,国外理论动态,2014（7）.

[16] [英] 戴维·麦克莱伦.马克思论宗教.平川,译.国外理论动态,2015（3）.

[17] 段忠桥.戴维·麦克莱伦论后现代主义与马克思主义,教学与研究,2009（3）.

[18] 庄国雄.马克思"意识形态"概念论要,复旦学报(社会科学版),1988(6).

[19] 周民锋,马克思意识形态概念的两个来源及其两重含义,学术研究,2008（6）.

[20] 姚大志.马克思主义意识形态概念的演变,河北学刊,1994（4）.

[21] 周宏.马克思意识形态概念的思想资源,江苏行政学院学报,2005(2).

[22] 韩月香.意识形态理论：回顾与展望,当代世界与社会主义,2007（1）.

[23] 侯惠勤.马克思关于意识形态虚假性之判断与当代意识形态之争论,河南大学学报（社会科学版）,2002（2）.

[24] 杨生平.关于意识形态概念的理解问题——兼与俞吾金等同志商榷,哲学研究,1997（9）.

[25] 郁建兴.意识形态：一种政治分析——马克思意识形态概念新论稿,东南学术,2002（3）.

[26] 张文喜.从存在论的境域把握马克思意识形态概念之核心,中国人民大学学报,2009（5）.

[27] 王晓升.意识形态概念辨析,哲学动态,2010（3）.

[28] 陈振明.科学技术与意识形态——评法兰克福学派的观点,哲学研究,1990（6）.

[29] 姚大志,《意识形态与科学——兼评〈科学技术与意识形态〉》,哲学研究,1991.

[30] 欧力同.科学技术与意识形态——评法兰克福学派的'意识形态批判',人文杂志,1994（5）.

[31] 王雨辰.科学·意识形态·哲学——阿尔都塞唯科学论的马克思主义的中心论题述评,江汉论坛,1996（9）.

[32] 韩立新.《德意志意识形态》研究的四个问题,学术月刊,2007（3）.

[33] 魏崇辉.意识形态的流变、概念理论与透析理路,求索,2011（12）.

[34] 王东、贾向云.从麦克莱伦的《马克思传》谈马克思传记理论,马克思主义与现实,2011（4）.

[35] 王永贵.新时期我国社会意识形态建设的主要经验,江汉论坛,2007（8）.

[36] 王永贵.论全球背景下我国主流意识形态建设的实践形式,社会主义研究,2007（6）.

[37] 王莉莉.马克思恩格斯意识形态批判及其意义——《德意志意识形态》中的意识形态批判思想,马克思主义与当代,2011（6）.

[38] 杨生平.论西方马克思主义意识形态理论的存在论转向——兼论马克思主义意识形态理论,贵州社会科学理论,2011（1）.

[39] 杨建勋.我国意识形态创新的根据及其方式,理论导刊,2007（10）.

[40] 张秀琴.论青年黑格派对马克思意识形态学说形成的影响,哲学研究,2009（5）.

[41] 张秀琴.马克思意识形态观的德国传统及其流变——戴维·麦克莱伦对马克思意识形态理论的解读,常熟理工学院学报,2009（11）.

[42] 张秀琴.整合论视野下的马克思意识形态观重构——以乔治·拉瑞恩的解读为例,社会科学辑刊,2010（6）.

[43] 曾志浩.意识形态与文化身份——乔治·拉伦意识形态思想研究,福建论坛·人文社会科学版,2008（2）.

[44] 张俊梅.《德意志意识形态》中意识形态概念的使用探析,河海大学学报(哲学社会学版),2008(1).

[45] 孙微.国际知名马克思主义研究者麦克莱伦认为马克思能帮我们认清当下问题,环球时报,2018.

致　谢

　　历经四年的学术思考与探索，论文最终落下帷幕。谨以此呈现面前，虽期谈不上是精雕玉镯，但的确凝聚了一直以来的心血。数载学习之余，确使我宿夜难寐，寝食不安，风雨晨昏人不晓，个中甘苦只自知。深知博士不易，踏上征程后便更理解勤奋钻研，时刻甘于寂寞与孤独。交罢论文，如释重负之后的欢欣雀跃将每昼每夜的焦虑与郁结霎时间化为乌有，抚今思昔，百感交集。在此深深感激我的恩师、朋友以及家人的勉励与鼓舞。

　　深深感激我的导师乔瑞金先生，恩师严谨的学术风范、积淀深厚的思想素养、动态前沿的感知力深深地教化着我，一步步引领着我迈入神圣的哲学世界。在恩师不断地敦促与悉心的教导下，我的学业有所提升，我的困惑有所指点，具备了最为基本的科研能力。能与恩师相伴四年，是我一生莫大的荣幸。感激我的恩师，在学术道路上最迷茫的时刻为我点亮曙光，在人生道路最跌宕的时刻为我指点迷津。感激我的恩师，无私的付出与耐心的教诲，使我四年博士学习过程收获了满满的学术成果，我将铭记于心并以恩师作为一生的榜样。

　　感谢在攻读哲学博士学位期间，谆谆教导的恩师薛勇民教授、侯怀银教授、邢媛教授、管晓刚教授。在课堂上，助燃头脑风暴，累积知识阅历，滋养人格魅力。老师们的学术造诣与思维逻辑感染并影响自己的论文构思和写作。感谢张亮教授在博士论文开题阶段提出的宝贵意见。感谢同窗对我的帮助与鼓励。感谢我的家人，作为我的坚强后盾对我的支持与勉励。